Collection fol

Maquette : Karine Benoit

Iconographie: Françoise Arnault

Présenté par
Jean-Marie Le Sidaner

JEAN TARDIEU

UN POÈTE

Gallimard
Jeunesse

JEAN TARDIEU UN POÈTE

Jean Tardieu travaillait habituellement au milieu de ses livres
et de quelques tableaux dans une petite pièce toute blanche,
très éclairée, qui donnait, par une baie visible, sur un grand jardin
rempli, au printemps, de verdure, de fleurs et d'oiseaux.

Ce jardin appartient à une clinique tenue par des sœurs.
Jean Tardieu me disait que, dans les allées silencieuses, on
apercevait de temps en temps quelques promeneurs furtifs.
Son paysage poétique ressemble un peu à ce lieu : écriture
lumineuse et légère, complice de nos fantaisies, poèmes aux
couleurs vives d'un monde qui nous accorde avec nous-mêmes –
mais des ombres y passent parfois qui nous semblent familières et
que nous ne reconnaissons pas. Cette poésie nous introduit
au secret même de l'enfance, entre la magie et le plaisir du jeu.

DU RIRE AUX LARMES

Avant-propos sous forme de dialogue

JEAN-MARIE LE SIDANER : Lorsque vous étiez écolier, quelle image aviez-vous de la poésie ?

JEAN TARDIEU : Étant enfant, j'ai eu une chance exceptionnelle. Mon père et ma mère aimaient la poésie, chacun à sa manière. Et chacun me lisait, ou me faisait lire, ses auteurs préférés. Cela allait de Clément Marot à Verlaine, en passant par Ronsard, La Fontaine, Victor Hugo, Baudelaire, etc., bref, un champ très vaste. Il est vrai que mes dispositions naturelles me portaient vers ce genre de lectures.

J.M.L.S. : Ces dispositions naturelles, quelles étaient-elles ?

J.T. : Comme beaucoup d'enfants, j'avais une certaine tendance à la rêverie, mais aussi un goût très vif pour la nature, un goût qui, bien entendu, ne pouvait guère se satisfaire que pendant les grandes vacances d'été. Car on voyageait peu en ce temps-là et on ignorait le « week-end ».

Je me souviens qu'à la campagne, j'ai éprouvé souvent – mais exclusivement lorsque je me trouvais seul, au jardin par exemple – des moments d'une sorte de ravissement. Comme si j'étais

étrangement d'*accord* : d'accord avec moi-même, avec le ciel,
les nuages, les arbres, enfin tout ce qui existe.

À Paris, pendant les longs trimestres de classe, j'éprouvais
un sentiment d'*exil*. Et cela aussi se traduisait par des moments
privilégiés, mais d'une couleur plus sombre.

Être tantôt d'*accord* avec le monde, tantôt en *exil*, c'est supposer
qu'il y a *autre chose*, quelque chose d'invisible derrière le visible.
Une sorte de voix à la fois inconnue et très connue qui dialogue
avec vous, qui vous entraîne on ne sait où. Quelque chose qui est
tantôt rassurant, exaltant, tantôt inquiétant, ou les deux à la fois.
Cela devait être ça, pour moi, la poésie. Et je pense que c'est
encore ça maintenant, en partie du moins.

J.M.L.S. : Quelle image souhaiteriez-vous que les écoliers
d'aujourd'hui aient de la poésie ?

J.T. : Je crois qu'ils pourraient ressentir ce que je viens d'essayer
d'évoquer rapidement d'après ma propre expérience. Pour cela,
il faut aussi qu'ils lisent les poètes – notamment les modernes –
et, pourquoi pas ? qu'ils essayent d'écrire eux-mêmes des
poèmes, avec sincérité, avec simplicité.

J.M.L.S. : Oui, mais la poésie c'est surtout « une certaine façon »
d'utiliser le langage. Quelle a été votre évolution sur ce point ?

J.T. : Très tôt, je me suis posé toutes sortes de questions au sujet
de l'*instrument* qui nous sert à parler et à écrire : le langage. Je suis

arrivé à prendre assez de recul par rapport à cet « instrument »
pour considérer les mots comme des objets, en dehors
de leur sens.

À partir de là, j'ai pu faire toutes sortes de combinaisons et
d'expériences. Par exemple, je partais de quelques mots très
simples, très connus, et j'organisais mes poèmes comme un
musicien combine des notes, sans craindre les répétitions.
Cela a donné ce que j'appelle des « Compositions de mots ».
À d'autres moments, je voyais les mots sous leur aspect bizarre
ou comique. Et cela a donné des poèmes où l'« humour » est
dominant. J'ai été jusqu'à inventer un personnage grotesque :
le Professeur Frœppel et je lui ai attribué celles de mes
expériences que je jugeais « pas sérieuses ». Par exemple, prendre
les mots systématiquement les uns pour les autres. Ou bien
parodier les sciences et la philosophie par de « petits problèmes »
tout à fait absurdes.

J.M.L.S. : En effet, on rit beaucoup en lisant certains de vos livres.
Quel rôle attribuez-vous à l'« humour » dans votre œuvre et aussi
chez d'autres écrivains ?

J.T. : Un rôle considérable. L'humour utilisé dans la poésie, dans
le roman, dans le théâtre est une des grandes conquêtes de la
littérature moderne. Depuis le dix-neuvième siècle surtout. C'est
une sorte de « révélateur » qui permet le dépaysement, ce *recul*

dont nous parlions tout à l'heure et qui peut être introduit dans un texte à des doses variables, depuis le plus léger clin d'œil jusqu'au comique déclaré.

J.M.L.S. : Quels sont, selon vous, les initiateurs de cette orientation ? Et ses représentants dans la littérature contemporaine ?

J.T. : Il y a déjà de l'humour dans Villon, dans La Fontaine, plus tard chez Rimbaud, Verlaine, Charles Cros, en Allemagne chez Heine et Morgenstern. Mais c'est surtout, pour ne parler que de la France, à partir d'Apollinaire et de Max Jacob qu'il prend de l'importance. De nos jours, il y a eu mes grands amis Prévert, Queneau, Desnos. Chez les uns et les autres (et chez moi) l'humour peut être teinté de simple gaieté, mais aussi d'attendrissement, de mélancolie, d'angoisse et même d'un certain désespoir.

J.M.L.S. : Un de vos poèmes présente la mésaventure d'un homme qui se met à « oublier le sens des actes les plus simples ». Qu'entendez-vous par là ?

J.T. : C'est, si vous voulez, un peu la suite de ce que je vous ai dit tout à l'heure de mon enfance.

Les « moments privilégiés », ceux de l'*accord* comme ceux de l'*exil*, nous font prendre du recul par rapport à ce qui existe. Comme si on était mis soudain en état de tout regarder de très loin, de très haut. À ces moments-là, le moindre objet usuel, disons une table

ou une chaise, ou le plus banal
événement : un monsieur qui traverse
la rue, son parapluie à la main, peut
paraître soudain absurde, risible ou bien
alors étrange et même effrayant.

J.M.L.S. : Il y a des écrivains qui ont
besoin, pour travailler, de certaines
dispositions de l'univers quotidien :
le silence ou au contraire une grande
animation, la campagne ou la ville,
tel paysage, etc. Quelles conditions
vous sont nécessaires pour écrire ?

J.T. : Plutôt *intérieures* qu'extérieures. Il faut distinguer. Il y a
l'incitation première, souvent brève mais décisive qui est, en
quelque sorte, le noyau d'où va sortir un poème ou tel autre texte.
D'autre part, il y a ce qui va se développer à partir de cette incitation.
L'envie d'écrire, le besoin de noter quelque chose – un vers, une
idée, un rythme, un rapprochement de mots –, cette première
incitation peut me venir n'importe où, n'importe quand, dans
la solitude ou dans le tumulte, par beau ou mauvais temps, etc.
Par contre, ce qui a été ainsi trouvé ou ébauché a besoin, pour
prendre vraiment forme, d'être recueilli, « cultivé » comme une
plante encore fragile. Il me faut, pour cela, un lieu de travail
autant que possible calme et silencieux.

En somme, tout se passe un peu comme pour le photographe. Il y
a l'image première qui peut être instantanée, un éclair. Puis, dans
l'atelier, interviennent toutes les manipulations techniques du
traitement de l'image première.

J.M.L.S. : J'ai reproduit, dans cette anthologie, un très beau texte
poétique : « Mon pays des fleuves cachés ». Quels sont les lieux
qui vous paraissent avoir contribué à la création de votre paysage
poétique ?

J.T. : Vous faites très bien de parler de « fleuves cachés ». Cela
évoque ce que l'on appelait autrefois la « perte » du Rhône et

aussi la « perte » de certains de ses affluents, comme la Valserine. C'est à la fois pour moi un souvenir de mon pays natal, le Jura, et un symbole.

Un souvenir, car j'ai aimé passionnément ce pays de montagnes où les fleuves apportent un mouvement impétueux, lyrique. À certains endroits de leur parcours, ils disparaissent sous les roches pour reparaître plus loin, comme s'ils venaient d'accomplir un rite secret.

Un symbole, car j'y ai vu, plus tard, une image de ce que je vous disais tout à l'heure : l'image d'un monde où il y a quelque chose qui est caché derrière le visible, mais qui est ce qu'il y a de plus présent, de plus important.

Par contraste, j'ai aussi beaucoup aimé le paysage, déjà presque méridional, des collines situées au sud de Lyon, là où je passais mes vacances d'écolier, dans une propriété familiale dont le jardin m'enchantait. J'y ai pressenti l'ivresse du soleil, mais je ne l'ai vraiment découverte que beaucoup plus tard, en Provence, où j'ai longtemps séjourné et maintenant en Italie où je vais très souvent.

J.M.L.S. : Je note une présence constante des objets dans vos poèmes. Aimez-vous vous entourer d'objets particuliers, notamment dans le lieu où vous écrivez ?

J.T. : J'aime non seulement les beaux objets, quelques meubles anciens qui me viennent de ma famille ou la céramique chinoise par exemple, mais aussi, bien entendu, les tableaux. Je ne peux me passer de peinture, ancienne ou moderne, mais surtout moderne, par exemple les œuvres de mes amis, les peintres contemporains que j'admire, comme Hartung, Max Ernst, Bazaine, Villon, Vieira Da Silva, Szenès, Bury, Vieillard, Dubuis, et bien d'autres. Quant au lieu même où je travaille, je le veux au contraire tout à fait nu, clair, « disponible ». C'est à moi de le peupler. Moins il y a d'images au mur, plus mon imagination est libre pour en créer. Pourtant je ne déteste pas regarder en travaillant un ou deux tableaux, notamment de mon propre père, Victor Tardieu.

J.M.L.S. : À ce propos, vous avez composé beaucoup de textes –

plutôt des poèmes, en vers ou en prose – concernant la peinture. En quoi l'approche poétique des œuvres picturales (et aussi musicales) est-elle essentiellement différente des autres ? De la « critique d'art » par exemple ?

J.T. : Oui, une partie importante de mon œuvre – celle que j'ai réunie d'abord dans *Figures*, puis dans *Les Portes de toile* – a pour but, non pas de *juger* les œuvres ni de les *expliquer*, mais d'en donner une sorte d'équivalent poétique. Grâce à l'utilisation d'images, de métaphores, de « figures » de rhétorique. Cela demande une grande concentration d'esprit. Lorsque je veux évoquer tel ou tel artiste, d'hier ou d'aujourd'hui, mettons Cézanne ou Rameau, Bazaine ou Ravel, que je crois connaître assez bien, je commence par me recueillir, les yeux fermés, jusqu'à ce que des « images » surgissent en moi, presque spontanément. Il ne s'agit pas d'images « reproduisant » directement les œuvres de ces grands artistes, mais d'images indirectes, d'allusions, de symboles purement poétiques, d'« équivalents » verbaux. Et c'est en travaillant sur ces données, sur ces métaphores que je construis mon poème. Vous voyez que cela n'a rien à voir ni avec la critique d'art ni avec l'histoire de l'art. En contrepartie, l'observation attentive des arts plastiques et musicaux m'a beaucoup apporté. Elle a renouvelé mes points de vue purement poétiques. J'ai voulu, pour ainsi dire, dérober aux musiciens et aux plasticiens quelques-uns de leurs secrets. Notamment en cherchant dans le sens d'une sorte d'« abstraction » poétique. C'est-à-dire, comme je vous l'ai dit plus haut, en donnant plus d'importance à l'instrument : le mot, qui a sa signification courante, en le faisant jouer pour lui-même.

J.M.L.S. : Et votre théâtre ? Quel rôle lui attribuez-vous dans votre œuvre ?

J.T. : C'est d'abord une autre application de ce que je pourrais appeler (pompeusement !) ma « méthode expérimentale ». Je me suis fixé un but, peut-être trop ambitieux (car je n'ai réalisé qu'en partie mon projet) : faire le tour des principales *formes* théâtrales,

classique ou contemporaine, en de courtes pièces, les unes
poétiques, les autres franchement parodiques.

C'est pourquoi elles sont, pour la plupart, de dimensions réduites,
presque des « sketches ». C'est pourquoi aussi, elles sont jouées
si souvent, mais plutôt devant des publics restreints, par la facilité
qu'elles offrent aux jeunes troupes, aux théâtres marginaux,
aux amateurs, aux étudiants, même aux lycéens. Certaines de
ces petites pièces sont proches des élucubrations cocasses de
mon « Professeur Frœppel » : *Un mot pour un autre*, par exemple.
D'autres vont vers le rêve ou même le cauchemar. Toutes sont,
pour moi, des formes « autres » de la poésie. Ce sont, grâce
à un certain décalage voulu, à un certain éclairage insolite,
les approches différentes d'une réalité cachée qu'il faut essayer
de surprendre. Et, comme l'ensemble de mes œuvres, on pourrait
dire qu'elles vont « du rire aux larmes ».

Paris, 1981.

Le poète
Jean Tardieu

Roger Vieillard

JOUR NUIT SOLEIL ET ARBRES

(Certains mots sont tellement élimés, distendus, que l'on peut
voir le jour au travers. Immenses lieux communs, légers comme
des nappes de brouillard – par cela même difficiles à manœuvrer.
Mais ces hautes figures vidées, termes interchangeables, déjà près
de passer dans le camp des signes algébriques, ne prenant un sens
que par leur place et leur fonction, semblent propres à des
combinaisons précises chaque fois que l'esprit touche au mystère
de l'apparition et de l'évanouissement des objets.)

I

Est-ce pour moi ce jour ces tremblantes prairies
ce soleil dans les yeux ce gravier encor chaud
ces volets agités par le vent, cette pluie
sur les feuilles, ce mur sans drame, cet oiseau ?

II

L'esprit porté vers le bruit de la mer
que je ne peux entendre
ou bien vers cet espace interdit aux étoiles
dont je garde le souvenir
je rencontre la voix la chaleur
l'odeur des arbres surprenants
j'embrasse un corps mystérieux
je serre les mains des amis.

III

De quelle vie et de quel monde ont-ils parlé ?

– De jours pleins de soleil où nous nous avançons,
d'espace qui résiste à peine à nos mains et de nuits
que n'épaissira plus l'obscurité légère.

IV

Entre les murs un visage survint
qui se donnait le devoir de sourire
et m'entraîna vers une autre fenêtre
d'où le nuage à ce moment sortait.
Tout était lourd d'un orage secret
un homme en bleu sur le seuil s'avançait
le tonnerre éclata dans ma poitrine
un chien les oreilles basses
rentrait à reculons.

V

Mémoire

Et l'ombre encor tournait autour des arbres
et le soleil perdait ses larges feuilles
et l'étendue le temps engloutissait
et j'étais là je regardais.

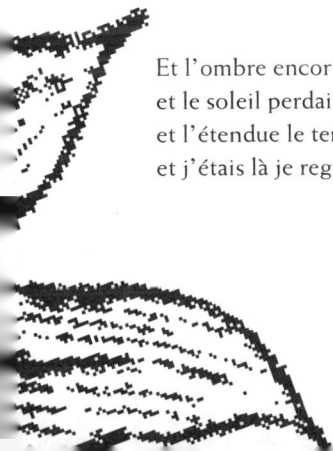

VI

Je dissipe un bien que j'ignore
je me repais d'un inconnu
je ne sais pas quel est ce jour ni comment faire
pour être admis.

VII

Comme alors le soleil (il était dans la nuit
il roule il apparaît avec silence
avec amour, gardant pour lui l'horreur)
ainsi viendront les jours du tonnerre enchaîné
ainsi les monstres souriants ainsi les arbres
les bras ouverts, ainsi les derniers criminels
ainsi
la joie.

VIII

Quand la nuit de mon cœur descendra dans mes mains
et de mes mains dans l'eau qui baigne toutes choses
ayant plongé je remonterai nu
dans toutes les images :
un mot pour chaque feuille un geste pour chaque ombre
« c'est moi je vous entends c'est moi qui vous connais
et c'est moi qui vous change. »

IX

Je n'attends pas un dieu plus pur que le jour même :
il monte je le vois ma vie est dans ses mains :
la terre qui s'étend sous les arbres que j'aime
prolonge dans le ciel les fleuves les chemins...

Je pars j'ai cent mille ans pour cet heureux voyage.

X

Épitaphe

Pour briser le lien du jour et des saisons
pour savoir quelle était cette voix inconnue
sur le pont du soleil à l'écart de ma vie
je me suis arrêté.

Et les fleuves ont fui, l'ombre s'est reconnue
espace les yeux blancs j'écoute et parle encore
je me souviens de tout même d'avoir été.

ÉTUDE AU TÉLÉPHONE

Mouvement joyeux.

Oui oui c'est moi ici ma voix ma vie
oui oui mais oui j'entends j'écoute
mais oui toujours, mais oui j'entends
oui mon oiseau oui mon soleil oui mon village
oui mon beau temps oui mes saisons
mon toit mon nuage ma vie
oui porte ouverte sur le jour !

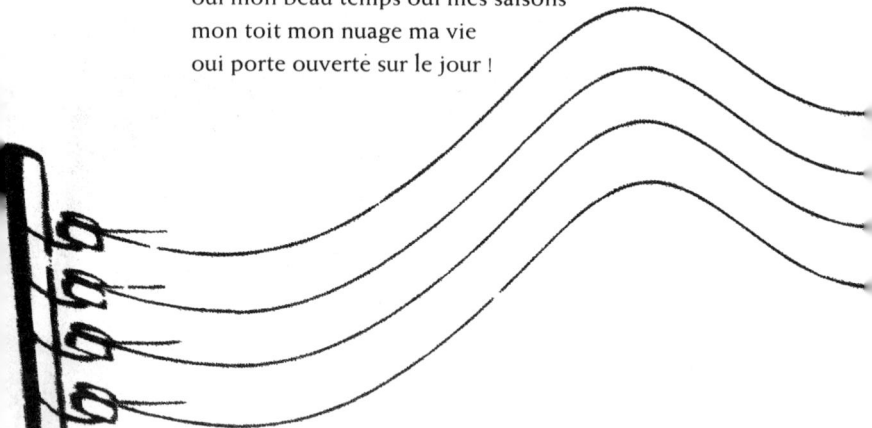

Mouvement grave.

Mais oui mais oui, quand vous voudrez
oui mes amours oui ma raison
depuis si longtemps j'écoute
je vous entends je vous entends
oui porte ouverte sur l'été
oui mes amours quand tu voudras
de moi-même je sortirai
oui mon oiseau oui mon soleil, ma vérité !

ÉTUDE EN DE MINEUR

Le ciel était de nuit
la nuit était de plainte
la plainte était d'espoir.

Les yeux étaient de lèvres
les lèvres étaient d'aube
la source était de neige

Ma vie était de flamme
ma flamme était de fleuve
le fleuve était de bronze

le bronze était d'aiguille
l'aiguille était d'horloge
l'horloge était d'hier :

elle est de maintenant.
Maintenant est de terre
maintenant est de pierre
maintenant est de pluie.

Ma rive est de silence
mes mains sont de feuillage
ma mémoire est d'oubli.

ÉTUDE EN À MAJEUR

Le printemps à plumets
et l'hiver à moustaches
l'automne à falbalas
et l'été à foison.

À la barbe du jour
à l'auberge des belles
à la source du temps.

Aux armes citoyens
à la porte les dieux
à notre tour de vivre.

À mon bras la douceur
à ta santé amour
le monde à ton image
à la vie à la mort.

CONTRE-POINT-DU-JOUR

Alors alors
encore ? Alors
toujours dans le jour
mon petit ? Toujours dans le
petit jour du dernier
du dernier jour du condamné
à mort le petit jour ?

Toujours dans le
petit jour du condamné à mort
je suis j'étais
je suis j'étais le grincement
de poulie du gosier
dans la gorge coupée
par le pourquoi comment du printemps

À mort le petit jour du premier lilas
du pourquoi comment du pourquoi pas
de la gorge pourquoi de la gorge coupée du printemps
du grincement de la poulie du printemps
de la nuit de la gorge coupée
du petit jour du lilas de la mort
de la mort de pourquoi comment.

Et pourquoi pas toujours ?
Et pourquoi pas toujours j'étais je suis
toujours j'étais toujours j'étais
toujours tiré tiré tiré tiré vers le petit jour
par le pourquoi comment
du gai toujours du gai printemps

toujours mon petit toujours !

ÉPITHÈTES

Une source – corrompue
Un secret – divulgué
Une absence – pesante
Une éternité – passagère
Des ténèbres – fidèles
Des tonnerres – captifs
Des flammes – immobiles
La neige – en cendre
La bouche fermée
Les dents serrées
La parole niée
muette
bourdonnante
glorieuse
engloutie.

COMMENCEMENT ET FIN

(Fugue sur deux substantifs)

Le commencement
ne s'arrête pas
et la fin ne cesse

Ton sang tu l'oublies,
ce commencement.
Ce qui passe en toi
et n'a pas de fin
tu ne l'entends plus.

Au commencement.
torrents et volcans,
à la fin des fins
le ciel et la mer.
Si tu comprenais ?
Si tu commençais ?
Si c'était la fin ?

Tu crois que le monde
vient de commencer
tu crois que le temps
n'aura pas de cesse

Admire la fin
du commencement
adore le jour
adore la nuit
qui t'ont dévoré.

COMPLAINTE DU VERBE ÊTRE

Je serai je ne serai plus je serai ce caillou
toi tu seras moi je serai je ne serai plus
quand tu ne seras plus tu seras
ce caillou.

Quand tu seras ce caillou c'est déjà
comme si tu étais n'étais plus,
j'aurai perdu tu as perdu j'ai perdu
d'avance. Je suis déjà déjà
cette pierre trouée qui n'entend pas
qui ne voit pas ne bouge plus.

Bientôt hier demain tout de suite
déjà je suis j'étais je serai
cet objet trouvé inerte oublié
sous les décombres ou dans le feu ou l'herbe froide
ou dans la flaque d'eau, pierre poreuse
qui simule un murmure ou siffle et qui se tait.

Par l'eau par l'ombre et par le soleil submergé
objet sans yeux sans lèvres noir sur blanc
(l'œil mi-clos pour faire rire
ou une seule dent pour faire peur)
j'étais je serai je suis déjà
la pierre solitaire oubliée là
le mot le seul sans fin toujours le même ressassé.

MONSIEUR ! MONSIEUR !

Monsieur, pardonnez-moi
de vous importuner :
quel bizarre chapeau
vous avez sur la tête !

– Monsieur vous vous trompez
car je n'ai plus de tête
comment voulez-vous donc
que je porte un chapeau !

– Et quel est cet habit
dont vous êtes vêtu ?

– Monsieur je le regrette
mais je n'ai plus de corps
et n'ayant plus de corps
je ne mets plus d'habit.

– Pourtant lorsque je parle
Monsieur vous répondez
et cela m'encourage
à vous interroger :
Monsieur quels sont ces gens
que je vois rassemblés
et qui semblent attendre
avant de s'avancer ?

– Monsieur ce sont des arbres
dans une plaine immense,
ils ne peuvent bouger
car ils sont attachés.

– Monsieur Monsieur Monsieur
au-dessus de nos têtes
quels sont ces yeux nombreux
qui dans la nuit regardent ?

– Monsieur ce sont des astres
ils tournent sur eux-mêmes
et ne regardent rien.

– Monsieur quels sont ces cris
quelque part on dirait
on dirait que l'on rit
on dirait que l'on pleure
on dirait que l'on souffre ?

– Monsieur ce sont les dents
les dents de l'océan
qui mordent les rochers
sans avoir soif ni faim
et sans férocité.

– Monsieur quels sont ces actes
ces mouvements de feux
ces déplacements d'air
ces déplacements d'astres
roulements de tambour
roulements de tonnerre

on dirait des armées
qui partent pour la guerre
sans avoir d'ennemi ?

– Monsieur c'est la matière
qui s'enfante elle-même
et se fait des enfants
pour se faire la guerre.

– Monsieur soudain ceci
soudain ceci m'étonne
il n'y a plus personne
pourtant moi je vous parle
et vous, vous m'entendez
puisque vous répondez !

– Monsieur ce sont les choses
qui ne voient ni entendent
mais qui voudraient entendre
et qui voudraient parler.

– Monsieur à travers tout
quelles sont ces images
tantôt en liberté
et tantôt enfermées
cette énorme pensée
où des figures passent
où brillent des couleurs ?

– Monsieur c'était l'espace
et l'espace
se meurt.

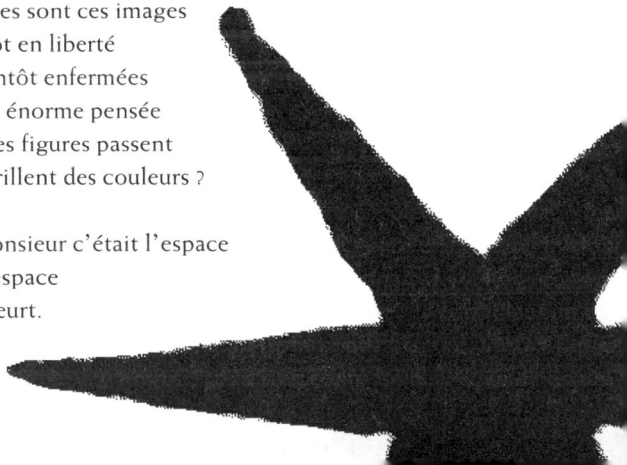

LES DIFFICULTÉS ESSENTIELLES

Monsieur met ses chaussettes
Monsieur les lui retire,

Monsieur met sa culotte
Monsieur la lui déchire,

Monsieur met sa chemise
Monsieur met ses bretelles

Monsieur met son veston
Monsieur met ses chaussures :
au fur et à mesure
Monsieur les fait valser.

Quand Monsieur se promène
Monsieur reste au logis

quand Monsieur est ici
Monsieur n'est jamais là

quand Monsieur fait l'amour
Monsieur fait pénitence

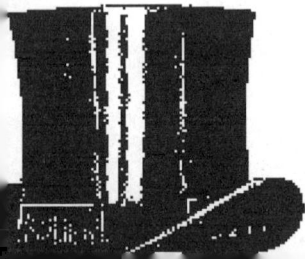

s'il prononce un discours
il garde le silence,

s'il part pour la forêt
c'est qu'il s'installe en ville,

lorsqu'il reste tranquille
c'est qu'il est inquiet

il dort quand il s'éveille
il pleure quand il rit

au lever du soleil
voici venir la nuit ;

Vrai ! c'est vertigineux
de le voir coup sur coup
tantôt seul tantôt deux
levé couché levé
debout assis debout !

Il ôte son chapeau
il remet son chapeau
chapeau pas de chapeau
pas de chapeau chapeau
et jamais de repos.

RENCONTRE

*(Gentil. S'amuse d'un rien. Modeste,
mais espère monter en grade.)*

Je vois un homme qui vient
son chapeau sur la tête.
Quel est donc ce paroissien ?
Qui ça peut-il être ?

Par ma foi c'est moi peut-être ?
Oui, c'est moi je le crois bien :
j'avance dans aujourd'hui
mais l'autre sur le chemin
comme un reflet vers moi vient
de demain et d'après-demain.

Demain demain je SERAI
car je ne suis pas encore
Dieu que de choses j'ignore !
Je ne sais rien, rien de rien.

Je ne sais pas pourquoi les mouches
ont six pattes et non pas trois
pourquoi l'hiver il fait froid
pourquoi les dents sont dans la bouche
pourquoi le soleil paraît
pourquoi on meurt pourquoi on naît
pourquoi les chats pourquoi les rats
et cætera et cætera.

Non non je ne sais pas encore
lorsque je saurai je serai
je ne sais pas pourquoi moi
pourquoi moi plutôt que toi
pourquoi aujourd'hui et demain
et finalement quel est
cet homme qui vient vers moi
sur ce drôle de chemin.

LA NUIT
LE SILENCE ET L'AU-DELÀ

Un soupir dans l'espace énorme

Puis une voix murmure :

« Gontran, es-tu là ? »

Pas de réponse

Des pas s'en vont comme les nuages.

CONVERSATION

(Sur le pas de la porte, avec bonhomie.)

Comment ça va sur la terre ?
– Ça va ça va, ça va bien.

Les petits chiens sont-ils prospères ?
– Mon Dieu oui merci bien.

Et les nuages ?
– Ça flotte.

Et les volcans ?
– Ça mijote.

Et les fleuves ?
– Ça s'écoule.

Et le temps ?
– Ça se déroule.

Et votre âme ?
– Elle est malade
le printemps était trop vert
elle a mangé trop de salade.

LA MÔME NÉANT

(Voix de marionnette, voix de fausset,
aiguë, nasillarde, cassée, cassante,
caquetante, édentée.)

Quoi qu'a dit ?
— A dit rin.

Quoi qu'a fait ?
— A fait rin.

À quoi qu'a pense ?
— A pense à rin.

Pourquoi qu'a dit rin ?
Pourquoi qu'a fait rin ?
Pourquoi qu'a pense à rin ?

— A'xiste pas.

LES ERREURS

*(La première voix est ténorisante,
maniérée, prétentieuse ; l'autre est rauque,
cynique et dure.)*

Je suis ravi de vous voir
bel enfant vêtu de noir.

– Je ne suis pas un enfant
je suis un gros éléphant.

Quelle est cette femme exquise
qui savoure des cerises ?

– C'est un marchand de charbon
qui s'achète du savon.

Ah ! que j'aime entendre à l'aube
roucouler cette colombe !

– C'est un ivrogne qui boit
dans sa chambre sous le toit.

Mets ta main dans ma main tendre
je t'aime ô ma fiancée !

– Je n'suis point vot' fiancée
je suis vieille et j'suis pressée
laissez-moi passer !

CONSEILS DONNÉS PAR
UNE SORCIÈRE

(À voix basse, avec un air épouvanté,
à l'oreille du lecteur.)

Retenez-vous de rire
dans le petit matin !

N'écoutez pas les arbres
qui gardent les chemins !

Ne dites votre nom
à la terre endormie
qu'après minuit sonné !

À la neige, à la pluie
ne tendez pas la main !

N'ouvrez votre fenêtre
qu'aux petites planètes
que vous connaissez bien !

Confidence pour confidence :
vous qui venez me consulter,
méfiance, méfiance !
On ne sait pas ce qui peut arriver.

RENGAINE À PLEURER

(Résigné mais clairvoyant.)

J'ai beaucoup appris
et tout entendu
je n'ai rien compris
et rien retenu.

J'avais entrepris
j'avais entendu
je m'étais perdu
je m'étais repris
puis j'ai tout perdu.

Quand ils ont compris
que j'étais perdu
ils m'ont attendu
ils m'ont entendu
ils m'ont confondu
puis ils m'ont tout pris
puis ils m'ont pendu.
Puis m'ayant pendu
m'ont donné un prix
un prix de vertu.

Alors j'ai compris :
tout était perdu.

L'HOMME QUI N'Y COMPREND RIEN

Telle chose vient
telle autre se passe
telle autre s'en va.
Ne trouvez-vous pas
qu'on n'y comprend rien ?

Bien souvent les hommes
se trouvent mêlés
à leur propre vie
sans avoir compris
ce qui s'est passé.

Tenez une histoire
pas très compliquée
pourtant quel mystère !
J'étais sur le quai,
elle dans le train ;
le train est parti,
et je suis resté
debout sur le quai.
Jamais depuis lors
je ne l'ai revue
je n'ai rien compris
Que s'est-il passé ?
Que s'est-il passé ?

Autre phénomène
j'vais vous raconter
Dieu sait où ça mène,
quelle étrangeté !
J'étais endormi,
m'voilà réveillé,
j'étais dans la nuit,
fait jour aujourd'hui,
j'étais immobile,
j'me mets à bouger,

je vais dans la rue
un homme apparaît
un instant après
il a disparu,
c'était le printemps
puis il a neigé,
puis c'était l'automne
puis c'était l'été
j'sais plus dans quel ordre
ça s'est succédé :
Que s'est-il passé ?
Que s'est-il passé ?

J'étais jeune et brun
j'avais des cheveux
et beaucoup de dents
j'étais mince et pâle...
Je suis rouge et blanc

je suis blanc et rouge
chauve et empâté
ridé, édenté,
je n'y comprends rien.
Que s'est-il passé ?

Mais voici le pire
j'avais une idée
pour vous en parler
et tout en parlant
je l'ai laissé filer
Bon Dieu quelle histoire
me voilà stupide
devant vous Madame
devant vous Monsieur
N'ayant rien à dire
je vais m'en aller.
Que s'est-il passé ?
Que s'est-il passé ?

RÉCATONPILU
ou
Le jeu du poulet

pour Nicolas

Si tu veux apprendre
des mots inconnus,
récapitulons,
récatonpilu.

Si tu veux connaître
des jeux imprévus,
locomotivons,
locomotivu.

Mais les jeux parfaits
sont les plus connus :
jouons au poulet.

Je suis le renard
je cours après toi
plus loin que ma vie.

Comme tu vas vite !
Si je m'essoufflais !
Si je m'arrêtais !

LES MOTS ÉGARÉS

Je marchais par une nuit sans fin
sur une route où luisaient seules
des lueurs agitées délirantes
comme les feux d'une flotte en perdition.

Sous la tempête mille et mille voix sans corps
souffles semés par des lèvres absentes
plus tenaces qu'une horde de chacals
plus suffocantes qu'une colère de la neige
à mes oreilles chuchotaient chuchotaient.

L'une disait « Comment » l'autre « Ici »
ou « Le train » ou « Je meurs » ou « C'est moi »
et toutes semblaient en désaccord :
une foule déçue ainsi se défait.

Tant de paroles échappées
des ateliers de la douleur
semblaient avoir fui par les songes
des logements du monde entier.

« Je t'avais dit » – « Allons ! » – « Jamais ! »
« Ton père » – « À demain ! » – « Non, j'ai tiré ! »
« Elle dort » – « C'est-à-dire... » – « Pas encore »
« Ouvre ! » – « Je te hais » – « Arrive ! »

Ainsi roulait l'orage des mots pleins d'éclairs
l'énorme dialogue en débris, mais demande et réponse
étaient mêlées dans le profond chaos ;
le vent jetait dans les bras de la plainte la joie,
l'aile blessée des noms perdus frappait les portes au hasard
l'appel atteignait toujours l'autre et toujours le cri égaré
touchait celui qui ne l'attendait pas. Ainsi les vagues,
chacune par la masse hors de soi déportée
loin de son propre désir, et toutes ainsi l'une à l'autre
inconnues mais à se joindre condamnées
dans l'intimité de la mer.

LES FLEURS DU PAPIER

Je t'avais dit tu m'avais dit
je t'avais dit je t'avais dit tu m'avais dit
je t'avais dit tu m'avais dit je t'avais dit tu m'avais dit je t'avais dit

– Oh comme les maisons étaient hautes !
Oh comme le vieil appartement sentait la poussière !
Oh comme il était impossible à retrouver
le temps du soleil le temps du futur, des fleurs du papier !
Je t'avais dit tu m'avais dit
je t'avais dit je t'avais dit tu m'avais dit.

DIALOGUES PATHÉTIQUES

I

(NON CE N'EST PAS ICI)

J'aperçois d'effrayants objets
mais ce ne sont pas ceux d'ici ?
Je vois la nuit courir en bataillons serrés
je vois les arbres nus qui se couvrent de sang
un radeau de forçats qui rament sur la tour ?

J'entends mourir dans l'eau les chevaux effarés
j'entends au fond des caves
le tonnerre se plaindre
et les astres tomber ?...

— Non ce n'est pas ici, non non que tout est calme
ici : c'est le jardin voyons c'est la rumeur
des saisons bien connues
où les mains et les yeux volent de jour en jour !...

II

(RESPONSABLE)

À Guillevic.

Et pendant ce temps-là que faisait le soleil ?
– Il dépensait les biens que je lui ai donnés.

Et que faisait la mer ? – Imbécile, têtue
elle ouvrait et fermait des portes pour personne.

Et les arbres ? – Ils n'avaient plus assez de feuilles
pour les oiseaux sans voix qui attendaient le jour.

Et les fleuves ? Et les montagnes ? Et les villes ?
– Je ne sais plus, je ne sais plus, je ne sais plus.

CAUCHEMAR

Nous étions assemblés près du môle
que battait l'invisible ouragan.
Cette nuit nous semblait conspirer avec nous ;
pleine d'or dérobé, elle était comme un coffre
résonnant de conseils.
« Travaillons ! », dit ma voix. Mille voix répondirent :
« Où es-tu ? » – « Près de vous » – « Sois nommé notre chef ! »
– Et nos voix, comme un feu dans les branches,
aussitôt – richement – s'accrochèrent
et nos mains se serraient et comptaient
fébriles comme un nuage d'oiseaux.

Tout à coup, vacilla, divisant l'air et l'eau,
un léger souffle blanc de lumière
qui bientôt – en courant – vint vers nous
et passa sur notre ombre, étendu, déchiré, puis flottant
avec le doux tremblement de l'aube... « Adieu donc ! »,
Murmura le dernier d'entre nous. Ils partaient !
J'étais seul quand le jour apparut.
Je n'ai vu qu'un visage : la vague.
Ils se sont rassemblés loin de moi
pour parler dans leur langue inconnue
et j'attends.

LES DEUX GISANTS

Ils descendaient au fil de l'eau
les deux gisants les deux amants
dans le sourire de la mort
et la lumière de l'amour
était leur seule barque.

Entre l'espace qui les porte
et le temps qu'ils ont dépassé
ils avançaient sans avenir
et les gestes de la rivière
étaient leurs seuls mouvements.

Ô morts enfermés dans la vie
emportant la terre et le ciel
dans vos yeux grands ouverts,
ô figures inaltérables
d'un instant sans retour !

Unis apaisés et semblables
au fond de moi ils passent sans bouger
Je les contiens puisque je suis le fleuve
je les comprends puisque je suis la nuit
dans mon silence j'ensevelis
un rire un soleil éclatants.

(1955)

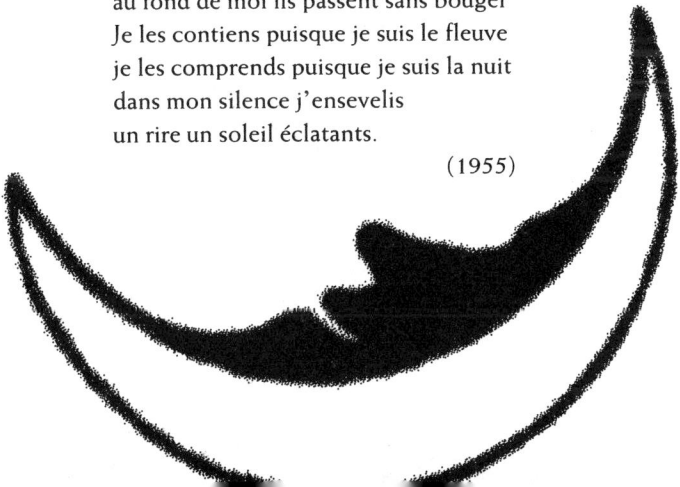

UNE FEMME UN OISEAU

L'oiseau très grand qui survolait la plaine
au même rythme que les creux et les collines,
longtemps nous l'avions vu planer
dans un ciel absolu
qui n'était ni le jour ni la nuit.
Une cigogne ? Un aigle ? Tout ensemble
le vol silencieux du chat-huant
et cette royale envergure
d'un dieu qui se ferait oiseau...

Nos yeux un instant détournés
soudain virent descendre la merveille :
c'était la fille de l'aurore et du désir
ange dans nos sillons tombé avec un corps
plus féminin que l'amour même et longue longue
posant ses pieds à peine sur le sol car le vent de ses ailes
la soulevait encore. Enfin le lisse et blanc plumage
sur cette femme de cristal se replia. Elle semblait ne pas nous voir
ni s'étonner qu'un lac

au-devant de ses pas s'étendît... déjà
elle y plongeait en souriant pour elle-même
heureuse de se souvenir
des éléments antérieurs
et d'un temps sans limite... Elle ourdit dans cette eau transparente
les signes d'un langage inconnu
puis s'ébrouant, cernée de perles,
de nouveau brillante et glacée,
    elle frappa du pied la terre... Telle je la vois encore
      légèrement inclinée en avant
        et déjà presque détachée,
          telle nous l'avons vue monter et disparaître dans l'azur.

      C'est depuis ce temps-là que je sais
        par quel subtil vouloir et quels secrets mouvements
        nous pouvons voler quand tout dort.

LE FLEUVE CACHÉ

Pièges de la lumière et de l'ombre sur l'âme,
jeux et rivalités de tout ce qui paraît,

regards de la douleur et de l'amour, ô flammes
immenses que fait naître et mourir un reflet,

tout un monde appuyé sur un souffle qui chante,
tout le ciel qui s'écroule au fond d'une eau dormante,

le désir qui défait les clôtures du temps,
les désastres lancés au gré de la parole,

partout le plus pesant soumis à ce qui vole
et l'immédiat, souverain maître des vivants !

Mais parfois notre esprit, fatigué de l'espace,
s'arrête et peut entendre, après plus d'un détour,

un vaste grondement égal et bas, qui passe
à l'infini, roulant sous les jours UN seul jour.

Plus près que notre cœur mais plus loin que la terre,
comme du fond d'un gouffre, à travers mille échos,

au vent du souvenir nous parvient le tonnerre
d'un lourd fleuve en rumeur sous l'arbre et sous l'oiseau.

Écrit à 20 ans

JOURS PÉTRIFIÉS

Les yeux bandés les mains tremblantes
trompé par le bruit de mes pas
qui porte partout mon silence
perdant la trace de mes jours
si je m'attends ou me dépasse
toujours je me retrouve là
comme la pierre sous le ciel.

Par la nuit et par le soleil
condamné sans preuve et sans tort
aux murs de mon étroit espace
je tourne au fond de mon sommeil
désolé comme l'espérance
innocent comme le remords.

Un homme qui feint de vieillir
emprisonné dans son enfance,
l'avenir brille au même point,
nous nous en souvenons encore,
le sol tremble à la même place,

le temps monte comme la mer.

LE CAP

Dans la contrée où l'âme est profonde,
Je vins pour la première fois,
Triste et seul, à l'âge où le monde
Me sépara de vous et de moi.

D'étranges feux dans l'air grimaçaient,
Mais les sources coulaient pour l'espérance
Et tendre, tendre était l'impatience
Des fruits tombant dans les vergers secrets.

J'entrai, nageant sous les grands nuages,
À jamais loin des tranquilles jours ;
Là-haut, les traits des chers visages
M'abandonnaient à chaque détour.

Quelle nuit tout à coup, mais quel espace !
Je reconnus la voix de toujours
Qui pour moi demeure et par moi passe...
Et quelle puissance, loin de l'amour !

Je laissais mourir et renaître
Et mourir encor la clarté
Moi, je creusais mon obscurité
Et j'apprenais à ne plus être.

Cependant, on murmurait : « L'ombre
Va l'engloutir ! » Ah ! j'entends le vent
Répondre par les feuilles sans nombre :
« Cet homme a franchi les postes du temps ! »

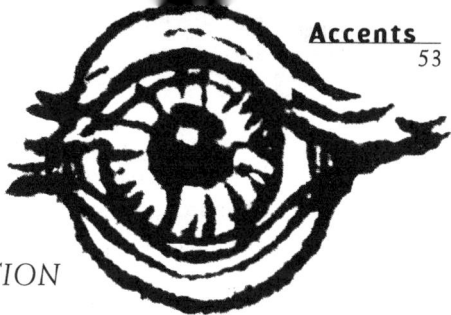

L'APPARITION

L'homme avançait à petits pas,
Puis il tourna la poignée de la porte,
(Le cuivre du bouton ne brillait pas
Car la lumière était éteinte ou morte),

Entra sans heurt, s'approcha de mon lit
Et, d'une voix que je connais, me dit :
« Que fais-tu donc ? Dors-tu ? Es-tu parti,
J'entends avec un rêve, loin d'ici ?
J'arrive à temps pour empêcher ta fuite.
Refuse encor ces images sans suite,
Crains leur désordre et leurs fausses clartés ;
Moi je te dis de ne pas t'en aller.

Pense d'abord à ta chambre, à la forme
De la maison, à tes rideaux tirés,
À tant de gens autour de toi qui dorment :
Comment, comment pourrais-tu t'évader ?

Rappelle-toi que tu as travaillé
Tout aujourd'hui. Pourquoi ? Pour te loger,
Pour acheter de quoi boire et manger.
Tu es ici gisant dans ta journée.

As-tu bien mis de l'ordre en tout cela ?
As-tu compris tout ce qui se passa,
Ce qui fut dit, ce qui te menaça ?
As-tu compté les heures et l'argent ?

As-tu rangé ton étroit logement ?
(Il te faudra, dans cet encombrement,
Atteindre, après la table, la fenêtre
Et te mouvoir, quand le jour va paraître !)

Allons ! Tu peux dormir jusqu'au matin.
Je te permets d'évoquer la fumée,
L'espace ouvert entre les cheminées
Ou le soleil vu à travers les mains.
– Je reviendrai t'accompagner demain. »

Moi qui feignais de dormir, j'entendis
Qu'il soupirait. Puis, pour lui-même, il ajouta :
« Demain, nous parlerons d'autres soucis ! »
Enfin, hochant la tête, il s'éloigna.

Il est là chaque soir, et sa voix
N'en dit pas plus sur le monde et sur moi.

LUMIÈRE

Le matin sur le toit des maisons
Fait trembler un lac de lumière.
(Encore une fois les choses
Vont fondre dans leur élément.)

Par tant de fenêtres ouvertes
L'air circule et les pâles ombres
Qui protègent les formes
S'étirent doucement.

En vain le triste cœur s'oppose,
En vain le souvenir et le regret,
En vain la peur de l'inconnu :
Cette clarté, comme la mort,
Comme la joie et le sommeil,
Brûle et livre au voyage immobile
Un impatient passager.

À TOUR DE RÔLE

Ce que j'entends
Meurt si j'écoute (le souffle
Est pourtant là !)

Le monde est si léger qu'il tremble ;
Mes yeux, mes mains
Passent devant
Et le protègent.

Mais retombez,
Arbres, maisons,
Sur notre terre !
Quand je vous touche,
Vous résonnez ;
C'est moi le souffle
Et la saison.

Sur la terre où les jours se confondent,
tremblant de revoir une fleur,
j'écrase le sang de mon cœur
dans les dures parois de ce monde.

J'abandonne à la nuit les délices
près des bords entrevus les yeux clos ;
pour maîtriser le temps qui glisse,
le sable est semé de pavots.

À demain, tendre jour, à demain !
Reste jeune en dormant sous la rive
j'emporte la flamme encor vive
à l'abri de mes fidèles mains.

Voyageur avare et rétif,
le front sur le flot qui s'approche,
je cherche le pays des roches,
des derniers grondements captifs.

DIURNE

Est-ce que tu dors ?
Est-ce que tu t'éveilleras un jour ?
Ni veille ni rêve : cela est.

Des enfants jouent
            Un éclat sur une vitre

Un ronflement d'avion
Le sol résonne Je marche à grands pas

Fraîcheur sur les yeux
Je tiens J'éprouve Je sais à qui parler
Tout répond

                    Foisonnement.
(Oublie ! N'oublie pas ! Oublie ! N'oublie pas !)

Un coup de frein
Un nuage passe
et tout change de couleur.

Surprise sans fin
Horizons qui n'en finissent pas de se déplier
Il y a toujours quelque chose plus loin.

NOCTURNE

Ici s'ouvre un monde nouveau
démasqué par la fin du jour
Le temps bascule J'écoute Je retiens mon souffle.

Une réponse dernière
Un pâle éclat
Un secret promis et tenu

Les mots

un essaim d'astres
Une plume   une feuille

La nuit s'éclaire au centre
Au centre est la source de toute couleur
Au centre est l'avenir longtemps mûri sous les cendres

Au centre est mon amour pour ce monde
Ma joie mon espérance invincible et trahie.

J'irai mourir dans mon enfer
Je déchirerai les vestiges de la misère
Ce qui murmure hors de moi en moi-même
est comparable au fleuve
qui traverse tout sans se mélanger à rien

Ma vie, je t'ai cherchée toute ma vie
tu as pris les plus beaux visages
mais je n'entends que la voix.
Au bord de quelle nuit te trouverai-je enfin ?

Je délivrerai ce qui est immobile
Je perdrai mes enfants dans la clarté
Je forcerai les secrets de la douleur
J'écarterai les rideaux du théâtre de la mort.

Oubli

                    Mémoire

                              Soupir.

Roule miracle torrent puissance
que l'aube arrive reparte revienne
que fuient les tourbillons

Le silence est un tonnerre lointain

Toute défaite est mon triomphe

NOTES D'UN HOMME ÉTONNÉ

Je suis né sous de grands nuages
et toi aussi, sous les nuages
et nous voilà.

*

Souvent elle est ici
tout comme je vous vois
L'instant d'après elle est plus loin
elle chante dans une rue voisine
C'est l'étendue, Monsieur, l'étendue !

*

À midi lorsque rien ne meurt
plus d'une feuille
à son ombre se superpose
Moi je suis égaré dans ce long paysage
né de la lumière de mes yeux.

*

Toutes les plantes ce matin
toutes les bêtes et tous les hommes
sont sortis d'une seule maison
ils se divisent sur les routes
il n'y a rien au-dessus d'eux
que la lumière.

*

Celui qui a passé la mer
et celle qui fait peu de chemin
et tous les autres
nous bougeons comme les doigts de la main.

*

Les meubles craquent
Le palier crie
Qu'est-ce donc qui s'en va ?

*

L'ombre grandit comme les morts
Entre le jour
et la nuit
j'hésite

*

Ne tremblez pas ainsi ! Les portes
l'une après l'autre
se sont fermées :
il va venir.

*

Mais non vous ne souffrirez pas
Ce ne sera qu'un seul instant
D'ailleurs nous serons près de vous.

*

Bien que je ne sois pas de la danse
ne me chassez pas sans savoir.
Plus qu'un seul mot
et je m'en vais.

PETITE SUITE VILLAGEOISE

I

Les délégués du jour
auprès de ce village
ce sont les espaliers solennels :
une poire dans chaque main
une pomme sur la tête
Entrez entrez Messieurs les Conseillers !

II

Quelle couleur aimez-vous :
le bleu le vert le rouge
le jaune qui saute aux yeux
le violet qui endort ?

– J'aime toutes les couleurs
parce que mon âme est obscure.

III

Autrefois j'ai connu des chemins
ils se sont perdus dans l'espace
je les retrouve quand je dors
je vais partout rien ne m'arrête
ni le temps ni la mort.

PASSANT QUI RENTRE RAVI

Passant qui rentre ravi
d'accord avec Mars inégal
voici voici que j'entends
un chant secret mais non triste

Le même toujours le même
depuis mille ans que je vis
c'est toi, présence paisible,
qui parle et parle à voix basse

Un geste un souffle et les choses
un mot un signe et les êtres
perdent leurs formes de fer,
– ce mot c'est toi qui le donnes

Par toi le jour dans leur ombre
se glisse, par toi l'écho
mes yeux font la nuit légère
les corps les murs transparents

Je suis la rencontre obscure
je vais je viens je connais
la terre dort dans mes mains
le temps c'est moi c'est ici

C'est moi c'est vous et les heures
le ciel la rue et le vent
chacun chacun comme nous
regarde entend et s'étonne

Printemps probables délices
espace ruses clartés
visage de vie et de mort

– je parle à des lèvres scellées.

L'ILE DE FRANCE

J'errais près de ton visage
peupliers canaux et palais
à travers les toits les nuages
tu parlais bas je t'écoutais

J'errais près de tes rivages
tu n'étais que sourire et sommeil
tes rochers tes mains tes orages
me lançaient de songe en soleil

Tu passais à travers des peintures
un peuple d'ombres t'aimait
tables mises tendres figures
– dans l'angle un poignard luisait

Cocardes canons et tambours
quand vint la Nuit j'étais prêt
on m'étendit sur le velours
moisson prairie et forêt

Je m'endormis à ton murmure
les gens et les bêtes chantaient
le délire de la mesure
la mort le silence la paix.

LA SEINE DE PARIS

De ceux qui préférant à leurs regrets les fleuves
et à leurs souvenirs les profonds monuments
aiment l'eau qui descend au partage des villes,
la Seine de Paris me sait le plus fidèle
à ses quais adoucis de livres. Pas un souffle
qui ne vienne vaincu par les mains des remous
sans me trouver prêt à le prendre et à relire
dans ses cheveux le chant des montagnes, pas un
silence dans les nuits d'été où je ne glisse
comme une feuille entre l'air et le flot, pas une aile
blanche d'oiseau remontant de la mer
ne longe le soleil sans m'arracher d'un cri
strident à ma pesanteur monotone ! Les piliers
sont lourds après le pas inutile et je plonge
par eux jusqu'à la terre et quand
je remonte et ruisselle et m'ébroue,
j'invoque un dieu qui regarde aux fenêtres
et brille de plaisir dans les vitres caché.
Protégé par ses feux je lutte de vitesse
en moi-même avec l'eau qui ne veut pas attendre
et du fardeau des bruits de pas et de voitures
et de marteaux sur des tringles et de voix
tant de rapidité me délivre… Les quais
et les tours sont déjà loin lorsque soudain
je les retrouve, recouvrant comme les siècles,
avec autant d'amour et de terreur, vague après vague,
méandres de l'esprit la courbe de mon fleuve.

MIDI

Comme autrefois dans mes trop chères ombres
aujourd'hui sous les eaux du soleil
je plonge… Qu'est-ce que c'est que ce rire
qui m'appelle, quelle est cette saveur de l'air
et ce sol bleu marbré de taches de clarté
dans ce port de pêcheurs ? – Ne réponds point
si j'interroge ! C'est « ainsi », c'est pour parler, il n'y a pas
de réponse au pourquoi du plaisir
non plus qu'à celui de l'angoisse, car je sais
et j'entends et j'entends…

                    Ah ! Que plus loin le vent incline
au bord du gouffre l'aile rouge d'un voilier,
que le lait de la lumière, faible surface,
couvre les profondeurs de la nuit, que la mort
soit plus près que partout dans les fournaises de midi,
je ne peux l'oublier, mais ma vie
est pareille à ce jour : l'enfer sous le sourire,
l'un ne le cède point à l'autre en Vérité
et mes yeux et mon corps
se consumant sous un ciel sans rêves
sont faits pour vous connaître et pour vous ressembler,
éclairs de ce qui bouge
à travers les paupières
arbres rougis au feu
reflets au flanc des barques
pierre brûlante aux mains.

Méditerranée, août 1952.

MON PAYS DES FLEUVES CACHÉS

« Simandre-sur-Suran ! Lalleyriat ! », criait l'employé du train, entre Nantua et Bellegarde. Et, du fer de son marteau, il frappait sur les roues, dans l'air odorant et glacé.

D'autres noms de mon pays me reviennent, avec leur sonorité acide, qui rafraîchit la mémoire... Demain comme hier, je veux aller, le cœur battant, respirer ma jeunesse dans le fort parfum des sifflantes, sauvages prés, torrents sinueux, scieries de sapins, près de ce lieu profond où, célébrant ses mystères, le Rhône autrefois disparaissait, cheval fantôme, sous les pierres tombales de son lit. Mais rajeuni, sacré par la nuit de ses gouffres, il surgissait plus loin, piaffant au soleil.

Maintenant que son libre galop et ce front courroucé se sont brisés contre un mur de ciment et que son sang jusqu'à Genève dégorgé s'est répandu au hasard dans la plaine, sa sœur la Valserine, Perséphone fidèle, continue à descendre aux enfers pour renaître écumante.

Toute ma vie est marquée par l'image de ces fleuves, cachés ou perdus au pied des montagnes. Comme eux, l'aspect des choses, pour moi, plonge et se joue entre la présence et l'absence. Tout ce que je touche a sa moitié de pierre et sa moitié d'écume.

L'HOMME ET SON OMBRE

La déroute des idoles n'a pas étouffé en nous le désir
de construire quelques êtres démesurés, étrangers à la raison,
capables de contenir toutes nos craintes, et, en même temps,
de nous conduire aux portes d'un empire incorruptible, paré
des augustes prestiges de l'impersonnalité.

Mais, par un bizarre paradoxe, puisque nulle chose, même
au bord du néant, ne peut nous arracher au souvenir de notre
condition, il semble qu'aujourd'hui la première de ces figures
mythiques, encore obscure et tremblante comme un monde
naissant, ne soit autre que l'Homme lui-même. Dans les
définitions qu'il se donne de sa propre nature et de son propre
destin, il n'est pas un trait, pas une notion qui ne le dépasse.
Son ombre gigantesque l'entraîne et il la suit en gémissant.

LES MOTS DE TOUS LES JOURS

Il faut se méfier des mots. Ils sont toujours trop beaux, trop rutilants et leur rythme vous entraîne, prêt à vous faire prendre un murmure pour une pensée.

Il faut tirer sur le mors sans cesse, de peur que ces trop bouillants coursiers ne s'emballent.

J'ai longtemps cherché les mots les plus simples, les plus usés, même les plus plats. Mais ce n'est pas encore cela : c'est leur juste assemblage qui compte.

Quiconque saurait le secret usage des mots de tous les jours aurait un pouvoir illimité, – et il ferait peur.

ÉLÉMENTS D'UNE MÉTHODE
DE RÉCONCILIATION

Pour saisir les objets sans qu'ils tombent aussitôt en poussière, il faut d'infinies précautions.

Il faut surtout que votre esprit soit à jeun et que vous ayez longuement préparé en vous-même un vaste terrain vague, égal à l'indétermination du monde.

Telle est donc la méthode. Si vous vous êtes transformé en une chose sans figure et sans nom, alors l'objet inanimé le plus menu, attiré par votre néant, s'approche plein de convoitise et se laisse emporter sans crainte.

La vague de la mer, qui ne vit et ne brille qu'un instant, à vos pieds s'endort pour toujours, non sans avoir déposé comme offrande à vos sables un fragment de faïence noire qu'elle vient de cueillir dans une cuisine abandonnée.

Mais vienne le temps où pour agir vous sortez de votre inconsistance, où vous secouez les étoiles, l'eau, le sable, le vent mêlés à votre corps, où vous recomposez en vous la forme humaine par la force de l'habitude et du souvenir, où, terrible et fort comme les piliers d'un pont, vous marchez sur les apparences friables !... Alors, c'est la panique autour de vous : dans la terreur d'un écrasement sans recours, il n'est pas une maison, pas un arbre, non, pas même la fourchette sans dents oubliée par un campeur le long d'un chemin vicinal, il n'est pas un seul de nos témoins sourds et muets qui ne redescende instantanément, par le puits de son désespoir originel, jusqu'à la nappe de l'indiscernable et de l'informe.

Tout est fini : si vous voulez, avec amour, caresser une branche de tilleul, tandis qu'elle vous étourdit de son parfum, elle s'évanouit, – et votre main se referme vide sur elle-même. Courez-vous après une pierre, vous voyez, en une seconde, sa forme grandir, s'étirer, s'affaiblir comme une bulle et enfin éclater avec une plainte légère.

Bientôt, vous qui vouliez être et dominer, vous ne régnerez que sur le désert et vous vous en irez seul, pleurant l'antique univers disparu, jusqu'au jour où tant de larmes seront enfin venues à bout de votre orgueil, jusqu'au jour où vous consentirez à votre propre désert.

Ce jour-là, décidé à ne rien saisir, vous aurez tout : tendre et attentif vous verrez chaque chose, désormais rassurée, elle-même attendrie, sortir des brumes du matin et s'avancer vers vous : « Nous voilà, nous voilà, mon ami ! »

UN PEU DE LOGIQUE IDIOTE

Avez-vous regardé, à l'horizon, les arbres qui garnissent, avec une impeccable régularité, le bord d'une route et se détachent sur le ciel ?

La distance les fait paraître petits, pas plus grands que la taille humaine, et comme ils sont plantés à intervalles égaux, ils font penser à une file de soldats en marche. Droits et nets au long des grands labours, ils sont debout pour « se faire voir », car enfin, s'ils étaient absents, on ne pourrait les regarder et, s'ils sont là, c'est pour être à la place de quelque chose d'absent.

Cette logique rigoureuse donne le coup de poing de la vérité. Une file d'arbres à l'horizon, c'est une file d'êtres venus là pour « témoigner » par leur présence, donc pour *figurer* quelque chose qui se cache derrière eux : ce sont des *figurants* – d'immobiles figurants qui défilent dans un douloureux silence.

Or, de cet horizon qui les déguise en soldats, je reviens vers moi-même et mon regard rencontre en chemin mille petits obstacles qui sont tous là, eux aussi, pour masquer la nudité de l'étendue, pour habiter le néant. Tous viennent également « figurer », comblant leur présence, remplaçant leur absence. L'un figure un ruisseau, l'autre un oiseau, l'autre une charrue, un mur, un toit, un chou, une boîte de conserve abandonnée... Et moi-même, je vous le demande, que suis-je ?

Que suis-je, bon sang ? Que suis-je ? Que sommes-nous ? De quelle armée en marche sommes-nous les avant-postes ? De quel gouvernement sommes-nous les délégués ? De quel opéra sommes-nous les figurants ? Permettez : j'interroge, rien de plus. Je ne suis d'ailleurs pas le premier.

Adieu, arbres de l'horizon. Piétinez le sol en cadence et chantez sans bouger : « Partons ! Partons ! Partons ! » La question reste et vous ne m'avez pas répondu.

LES SURPRISES DU DIMANCHE

La conversation s'engagea au milieu du jardin.

Les interlocuteurs, au prix de douloureuses courbatures,
faisaient semblant d'être assis, mais aucun siège ne les portait.
Ils formaient un cercle parfait autour d'un tout petit cheval qui était
là Dieu sait pourquoi.

(Un peu plus loin, autour de la pelouse, les chaises et les
fauteuils faisaient cercle de leur côté.)

On parla d'abord de la question des ponts, puis de la question
des ponts de bois, puis des bois de pins, puis des sapins, puis
des lapins, puis de la jungle et des ours.

À ce moment (quand on parle du loup !...) un ours parut
sur la route, son accordéon sur le ventre, la cigarette au bec.
Il dansait en s'accompagnant.

Les chaises et les fauteuils pris de panique rentrèrent
précipitamment à la maison.

Les interlocuteurs lassés d'un long effort s'étendirent sur l'herbe.
La nuit vint. L'ours chantait. J'étais heureux.

Le petit poulain grandit, devint plus haut qu'un chêne – et
blanc d'écume comme la mer. C'était Pégase, le cheval de la poésie,
celui que nous révérons tous.

OPÉRA-COMIQUE

Par un jour de soleil léger, au croisement de deux routes dont l'une descend à la rivière et l'autre monte dans le ciel, à la terrasse d'une auberge, c'est là qu'est assis l'Homme Heureux.

Il a les pommettes rouges et l'œil clair, il lève très haut son verre sans le reposer jamais ; jambes arrondies l'une sur l'autre, le pied en l'air porte un oiseau qui chante.

Et chante aussi l'aubergiste ! « Versons ! Versons ! C'est lui ! C'est nous ! » le bras gauche tendu pour l'ornement et le bras droit verse toujours, même quand les verres sont pleins, même quand la carafe est vide.

Soudain sur un coursier invisible et noir s'avance un homme au visage soucieux. En même temps passe un nuage ; toute la scène entre dans l'ombre.

Monsieur, Monsieur, vous qui voyez le Diable assis tout près au bord de la rivière, en train de préparer ses lignes et ses hameçons crochus, prévenez vite les insouciants, tirez-les par la manche, montrez-leur du doigt le danger !...

Sinon, je renverse le tableau et j'emporte l'Homme Heureux, avec l'aubergiste et l'oiseau, dans les coulisses de mon théâtre, où il n'y a que des toiles déchirées, de la poussière et les reliefs d'un très ancien repas de fête.

L'INVENTEUR DISTRAIT

Avant d'avoir fait naufrage, je jouissais d'une imagination débordante...

À peine éveillé, j'inventais un homme : c'était moi. A partir de ce moment, tout devenait possible.

L'homme que j'étais s'inventait un nom, une famille, une position sociale. Il se construisait une maison, dans cette maison un appartement, dans l'appartement des meubles.

Encore un effort – et il imaginait le petit déjeuner du matin. Un autre, – et en un tour de main, voilà qu'il s'était fabriqué du linge, des chaussettes, un complet veston, des chaussures, un chapeau – et une serviette de cuir garnie de dossiers importants.

Dernière création : l'homme que j'étais se mettait en marche vers la porte de l'appartement. J'inventais alors les premiers bruits du dehors : à l'étage au-dessous, un voisin qui grondait un chien, puis ce chien qui jappait et grattait pour sortir. Au-dessus du plafond, rien que le toit, car je m'étais logé au sixième étage pour être plus près du grand jour : je créais donc, au-dessus du toit, le ciel silencieux.

Mais un jour je fus distrait – ou fatigué d'inventer toujours. J'ouvris la porte de l'appartement... Malheur ! J'avais oublié d'inventer l'escalier !

Je me mis à plat ventre au bord du palier et je regardai au-dessous de moi : rien, le vide ! Imbécile ! J'avais même oublié d'inventer la rue ! Et de quelle ville, d'ailleurs ? Je n'aurais même pas pu dire son nom.

Alors, ma maison, avec le voisin d'en dessous et son chien, avec son ciel silencieux, se mit à flotter au milieu de rien et nous partîmes pour une destination inconnue, doucement bercés par les vagues de l'espace, comme un vaisseau sur la mer.

LE VOLEUR

Au moment où l'homme s'apprêtait à escalader la clôture mitoyenne, un voisin, qui rêvait silencieusement au bord du clair de lune, avait crié : « Au voleur ! Au voleur ! »

Aussitôt l'homme avait disparu, laissant sur le gravier une pince-monseigneur toute neuve et de taille moyenne.

À partir de ce moment, le rôle du voisin dans cette histoire n'a plus aucune importance : il disparaît, pour mettre en pleine lumière les époux Redadon, paisibles bourgeois, à jamais victimes d'une agression qui n'a pas eu lieu encore et possédés par la peur panique de cet événement possible, donc futur.

Peur affreuse, peur délicieuse : leur vie en est imprégnée, comme renouvelée. C'est un vrai voyage sur place. Leur villa, qui dormait depuis vingt ans au fond de son petit jardin, est illuminée par cette peur. Les époux Redadon ne reconnaissent plus leurs meubles, leurs poufs, leurs pompons, leurs falbalas, à la lueur rougeâtre de l'Appréhension. Eux-mêmes, lorsqu'ils se regardent, se voient grandis, creusés, sauvés, touchés par la Grâce du Voleur.

Ils n'ont pas tort de craindre : chaque soir, désormais, le Voleur, instruit par sa mésaventure, escalade la clôture adverse, du côté où il n'y a pas de voisin et se glisse avec légèreté jusqu'à la maison, en retenant son cœur de battre, comme les époux retiennent le leur.

Le voici tout contre le mur, à côté de la porte d'entrée. Souvent Monsieur, qui ne peut dormir, a ouvert la porte toute grande : de l'intérieur du salon, la lampe plonge dans le jardin un rectangle lumineux où quelques insectes tourbillonnent. Ce petit mur de lumière rassure Monsieur, qui néanmoins ne se risque pas à sortir. Tant de clarté paisible rassure aussi le Voleur, parce que, tout autour, l'obscurité qui le cache en est comme épaissie.

*

Le temps passe. Cette nuit, puis une autre... Et ainsi les années coulaient sur le jardin. Le Voleur ne se lassait pas de venir, ni les époux de l'attendre. Mais ils ne se sont jamais vus. Il y avait entre eux un accord tacite, une sorte de code secret de la bienséance : de bons bourgeois *ne doivent jamais* surprendre le voleur ; un bon voleur *ne doit* jamais être surpris.

Parfois, pourtant, le Voleur manifestait quelque impatience. Lorsqu'il savait que les époux guettaient, il avançait lentement sa pince-monseigneur (la même que celle dont il s'était défait autrefois en fuyant).

Les époux Redadon, assis en face du jardin dans de profonds fauteuils, voyaient surgir cet instrument d'acier bleu dont l'extrémité coudée sert de levier pour faire sauter les serrures. Cette vue réveillait leur ancienne angoisse, un peu atténuée par les années. Leur cœur se remettait à battre plus vite. Madame pâlissait, saisissait le bras de son mari. Mais Monsieur affectait de dominer la situation. Sans bouger de son fauteuil, d'une voix grave et lente, comme on réprimande un enfant, il disait (s'adressant beaucoup plus au Voleur qu'à sa femme) : « Allons ! Allons, voyons ! »

Alors le Voleur retirait sa pince-monseigneur et rentrait dans son rôle d'Absent, dans cette solitude à laquelle il se savait condamné sans espoir...

Un jour, dans très longtemps, lorsque les époux et le Voleur seront devenus très vieux, nous les trouverons morts côte à côte : mais ce sera le crime d'un Autre, d'un inconnu dont cette histoire, à dessein, ne dit pas un mot.

LA CONVERSATION

À l'âge de sept ou huit ans, je n'étais pas admis à entrer dans le salon, quand ma mère recevait...

Beaucoup de récits commencent de cette façon. Mais ensuite vient une histoire dite « vraie ». L'auteur vous présente des gens. Des événements se succèdent, jusqu'à une fin pressentie, que l'on espère et redoute à la fois.

Dans mon histoire à moi, il ne se produit rien de tel. Voici pourquoi :

Le jour de la réception, on m'enfermait dans une pièce située un étage plus haut que le salon, d'où je ne pouvais rien voir ni entendre de ce qui se passait.

Je m'y ennuyais beaucoup, jusqu'au jour où je m'aperçus que, dans un recoin, près de la cheminée, émergeait un spécimen de cet ancien moyen de communication appelé, je crois bien, « tube acoustique », ancêtre comique et touchant du téléphone. C'était un long tuyau de caoutchouc qui, passant à travers murs et plafonds, reliait deux pièces éloignées l'une de l'autre. Chaque extrémité du tube était fermée par un bouchon de bois mobile dans lequel était pratiqué un sifflet. Voulait-on, d'une pièce, parler à l'habitant de l'autre, on débouchait le tuyau et, appliquant les lèvres sur ses bords, on soufflait fortement : à l'autre bout, le souffle frappait l'autre bouchon, qui produisait un sifflement exténué. La personne ainsi appelée se précipitait alors à l'appareil, enlevait le bouchon et portait le tuyau à son oreille. Ô miracle : elle entendait son correspondant ! Toute une conversation pouvait s'engager, à condition, toutefois, que chacun des deux interlocuteurs eût l'esprit d'écouter quand l'autre parlait, et vice versa. Faute de prendre cette précaution, si tous deux eussent porté en même temps le tuyau à leur bouche ou à leur oreille, l'un et l'autre eussent longtemps parlé ou écouté en vain...

Ce jour-là, enthousiasmé par ma découverte, et ne sachant à quelle autre pièce le tube acoustique me reliait, je le pris, le débouchai et soufflai de toutes mes forces. Le lendemain je fus battu : j'avais, sans le savoir, sifflé en plein salon ! Tous les invités avaient sursauté, surpris dans leur somnolence. On avait cru à une farce insolente.

La seconde fois, je fus plus avisé. La veille de la réception, j'ôtai le bouchon du tube, côté salon, me promettant d'écouter la conversation, par l'autre bout, dans ma chambre solitaire...

*

Je ne fus pas déçu. À travers le silence qui soudait d'un seul bloc la masse deux fois centenaire des murailles et que couvrait seul le léger sifflement du sang dans mes oreilles, j'entendis d'abord la voix du percepteur, une voix de ventre et de moustaches. Je ne distinguais pas les paroles. Seul le timbre des voix montait jusqu'à moi : les intonations ronronnantes du visiteur alternaient avec le chantonnement aigu de la voix de ma mère : « Ils ne disent rien du tout, pensai-je au comble de la joie, ils font semblant de parler ! »

Le percepteur toussa longuement. La voix de ma mère s'arrêta avec respect, puis se fit entendre à nouveau, montant à un

diapason plus élevé. Il y avait à ce moment un bruit de portes.
D'autres voix entrèrent les unes après les autres, les unes graves,
les autres perçantes ; certaines étaient nasillardes, il y eut des
rires, un vrai brouhaha.

Ensuite, des bruits de fourchettes sur des assiettes, de carafes
choquant des verres prirent la première place dans la symphonie,
bruits rafraîchissants et sucrés comme un verre de sirop de réglisse
bu à la dérobée dans une cour de collège. Les voix se firent
pendant un moment plus lentes, quelques-unes embarrassées,
presque pâteuses. Il y eut même un incident : un gosier
s'étranglait, suffoquait. Toutes les voix bourdonnaient ensemble,
soit pour lui venir en aide, soit pour couvrir ce bruit incongru.

Peu après, les assiettes se posèrent sur les guéridons avec un
bruit amorti et reconnaissant, comme, au bord d'une plage, des
cailloux retombent sur le fond d'une crique après un petit
tourbillon local.

À partir de ce moment, il me sembla que tous les invités se
livraient à un extraordinaire sabbat. Comment, en effet, expliquer
autrement ces moments de crise, pendant lesquels toutes les voix
s'accrochaient les unes aux autres, parlant toutes à la fois,
impatientes, énervées, incohérentes, puis ces longs silences
coupés d'étranges rumeurs : reniflements, gloussements,
toussotements, raclements de la gorge et du nez.

Sûrement, me disais-je, il se passe quelque chose. Quelque
chose d'affreux. Mme Vulvins gobe une mouche, M. Crabache lui
fait un signe diabolique. La vieille voisine au pince-nez coule de
son siège comme un serpent et, rampant derrière les fauteuils en

rond, vient chatouiller, du bout de la plume de son horrible chapeau, la nuque d'un innocent. En effet, celui-ci élève une voix courroucée. Le tube acoustique résonne longuement de sa colère. Les autres voix s'unissent mollement pour un murmure d'indignation. La vieille voisine, pleine de honte, regagne son siège.

Un nouveau silence. Le curé exécute un tour. Parbleu, on entend un bruit de pas, mais, aucun doute, ce ne sont pas des pieds qui marchent avec cette douceur feutrée, ce sont des mains : le curé marche sur les mains ! Sa robe traîne à l'envers sur le sol. Soudain, arrivé près de la table aux gâteaux, n'en pouvant plus, il s'effondre. Un bruit d'assiettes cassées. Ma mère glapit. La voix de la bonne surgit, répond par un murmure outragé et s'éloigne. Il y a des rires cyniques. Puis un nouveau silence. L'énervement des invités est à son comble. Ils remuent leurs chaises, s'ébrouent. Des allumettes craquent. Ça y est, ils mettent le feu aux rideaux ! (Un peu de fumée s'échappe en effet par le tube acoustique et me chatouille les narines.) Non, l'incendie est enrayé par de nouveaux glouglous de carafes. Ce doit être un beau gâchis sur le tapis à fleurs !

Enfin, après ces longs préparatifs, le grand prêtre du sabbat, le Directeur de l'Usine de Savons, élève seul la voix. Tous se taisent. C'est une longue mélopée soutenue, insistante, scandée par des pauses, pendant lesquelles tous font entendre des lamentations funèbres, coupées de glapissements haineux. Cela dure ainsi une, deux, trois minutes. Une nouvelle explosion de voix se produit. L'office est achevé.

J'entendis, aussitôt après, un grand remuement de chaises et de pas. Les servants de cette effrayante messe noire s'éloignaient, reprenant leur aspect débonnaire.

Le soir, délivré de ma prison, j'ai vu mon père et ma mère avec leurs visages de tous les jours.

Les hypocrites !

SOUVENT J'OUBLIAIS

Souvent j'oubliais le sens des actes les plus simples. Par exemple, devant l'employé du métro qui poinçonne les billets : « Bonjour ! ça va ? » disais-je en lui tendant la main et en soulevant mon chapeau. Mais l'autre hausse les épaules : « Vous fichez pas du monde ! Vot' billet ! »

Un soir, rentrant chez moi, j'ai comme un vague souvenir qu'il me faut crier quelque chose dans l'allée de l'immeuble. Mais quoi ? Misère, je ne le sais plus, je l'ai oublié.

Je murmure d'abord : « Bonne nuit ! » puis, élevant peu à peu la voix : « L'addition !... Un hareng de la Baltique, un !... Les jeux sont faits !... Waterloo !... *Vade retro*... » La concierge, furieuse, se lève en papillotes et m'insulte.

Je prends congé de mes amis Z... qui habitent au septième étage, *sans ascenseur*. On m'accompagne sur le seuil de l'appartement. Soudain, apercevant l'escalier, je suis pris de panique et pense, dans un éclair : « C'est quelque chose *qui sert à monter, non à descendre !* » Je ne vois plus les marches, mais l'espace vertical qu'elles découpent de haut en bas : une falaise abrupte, une faille, un précipice affreux !

Affolé, étourdi par le vertige, je crie : « Non ! Non ! Retenez-moi ! » Je supplie mes amis de me garder chez eux pour la nuit. En vain. Pas de pitié : on me pousse, en plaisantant, vers l'abîme. Mais moi, hurlant comme un homme qu'on assassine, je résiste, je m'arc-boute – finalement je cède, perds l'équilibre, manque la première marche, tombe et me casse une jambe.

LE PROFESSEUR FRŒPPEL
GUÉRI ET SAUVÉ

Lorsque le Professeur Frœppel, après six mois de séjour, sortit de la clinique (les médecins, ne comprenant rien à son cas, avaient renoncé à le soigner), il constata un fait singulier : c'était que les Français parlaient une langue nouvelle, bizarre et totalement incompréhensible.

Après que l'ambulance l'eut déposé à la porte de son domicile, la première personne à qui il put adresser la parole fut la concierge de l'immeuble :

« Bladala blekouï ? » demanda-t-il avec son affabilité coutumière. Et il ajouta avec un sourire content et une légère inclinaison du buste : « Sokok, Sokok, Professeur Frœppel ! »

À sa grande stupéfaction, la digne femme, au lieu de répondre en termes intelligibles, se mit à bredouiller quelques exclamations bizarres, en levant les bras au ciel et en essuyant du coin de son tablier ses yeux humides de larmes.

« Bobozom Fikili Sop-Sop », pensa le Professeur, et, coupant court aux effusions, il s'engagea dans l'escalier.

Parvenu au cinquième étage, il hésita un moment sur le seuil, car il était très ému. Enfin il sonna. Ce fut sa femme qui vint lui ouvrir. À peine l'eut-elle aperçu qu'elle fondit en larmes et se pendit à son cou en proférant des sons inarticulés.

Mais le Professeur, malgré l'intense émotion qui l'étreignait, parvint à garder tout son sang-froid et se contenta de murmurer ce seul mot qui exprimait à la fois toute sa tendresse, le souvenir encore cuisant d'une longue séparation et la joie du retour : « Bébekmôlo... bébekmôlo... Bébekmôlo... »

*

C'est sur cette parole mémorable que recommença, comme par le passé, la vie familiale au foyer du Professeur Frœppel.

Il y eut bien au début quelques petites difficultés de compréhension, quelques malentendus de détail entre le Professeur et les siens. Comme le lui dit un jour cruellement son fils aîné : « Nous ne parlons pas la même langue. » Mais à la longue ces obstacles disparurent, chacun ayant fait tous les efforts possibles pour aller au-devant des autres et trouver un terrain d'entente, un langage commun. Bientôt, comme il arrive entre étrangers qui s'apprennent mutuellement leur idiome maternel, les deux camps mirent au monde une sorte de dialecte composite, formé par moitié de frœppelismes purs et de termes courants. Cette langue diplomatique donnait à peu près les résultats suivants : « Je vais au marché-plodok », disait Mme Frœppel, en prenant son panier à provisions.

« Rapporte un blek de tomates bien pschoui ! » lui criait le Professeur.

« Flip, flip », affirmait madame en descendant l'escalier.

Et le Professeur restait docilement à la maison, car son épouse avait décidé qu'il ne sortirait pas avant d'être complètement rétabli.

Au bout de quelques mois, la famille tout entière avait fait de tels progrès linguistiques que le fils cadet pouvait rédiger sans faute une narration en langue-Frœppel, tandis que le Professeur, de son côté, avait entièrement recouvré l'usage du français courant.

Mais une autre surprise l'attendait...

Lorsque après ces quelques mois de repos forcé, il descendit pour la première fois dans la rue, il fut frappé du comportement bizarre des passants. Tous avaient l'air de gens poursuivis par une menace invisible. La plupart d'entre eux marchaient vite, d'un pas saccadé, et si quelques-uns, rompant le rythme général, s'arrêtaient devant les vitrines des magasins, ce n'était pas sans avoir, au préalable, jeté à droite, à gauche, des regards inquiets et furtifs qui rappelaient la mimique de certains animaux : lézards, écureuils ou gibbons, par exemple.

Intrigué, le Professeur, après avoir été un peu étourdi par tout ce mouvement, décida de s'attacher aux pas d'un ou plusieurs spécimens caractéristiques. Il choisit un jeune couple très alerte et, tout d'abord, parcourut à sa suite plusieurs rues, sans rien avoir à noter de particulier. Tout à coup les deux jeunes gens stoppèrent. Le Professeur, à quelques mètres en arrière, s'arrêta instantanément et attendit. Il aperçut alors, sur l'autre trottoir, un jeune homme de mine joviale qui s'avançait rapidement vers eux en donnant tous les signes de la satisfaction. Lorsqu'il ne fut plus qu'à un mètre de distance, le jeune homme, de sa main gauche, souleva rapidement son chapeau, tandis qu'il avançait la main droite en direction de l'autre jeune homme. Celui-ci, sans hésiter, accomplit presque au même instant le même mouvement, de sorte que les deux mains, bien qu'en sens opposé, se rencontrèrent et se refermèrent l'une sur l'autre. Pendant une fraction de seconde, elles restèrent dans cette position, puis les deux hommes secouèrent ensemble leur bras droit, ce qui eut pour résultat de faire remonter et redescendre trois ou quatre fois de suite les mains encore accrochées l'une à l'autre. Finalement, elles se séparèrent, mais pour rentrer à nouveau en mouvement aussitôt après : en effet, la jeune femme, à son tour, tendit sa main droite au nouvel arrivant, tandis que son ami, libéré de l'étreinte de celui-ci, reprenait affectueusement son bras.

Cette scène n'avait duré qu'un court instant, mais elle avait suffi à plonger le Professeur dans une profonde méditation, accompagnée d'un certain malaise. Sans songer à recueillir d'autres renseignements, du moins pour cette fois-ci, il rentra chez lui, afin de prendre note de ce qu'il avait vu.

*

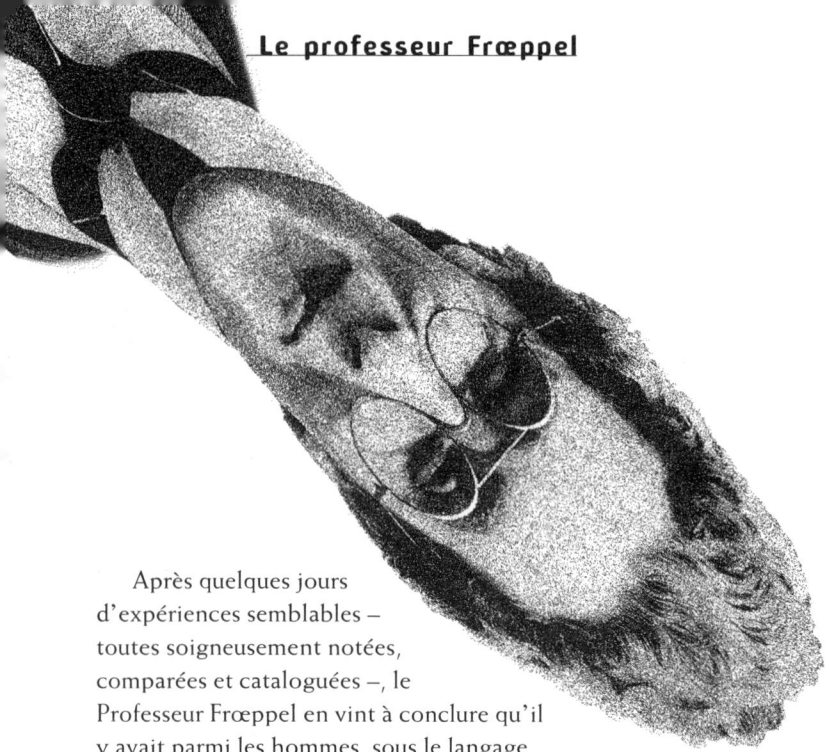

Après quelques jours
d'expériences semblables –
toutes soigneusement notées,
comparées et cataloguées –, le
Professeur Frœppel en vint à conclure qu'il
y avait parmi les hommes, sous le langage
« parlé », un langage muet, fait de signes et de symboles, de
gestes convenus et stéréotypés dont les manifestations, certes,
n'avaient plus de secret pour lui, mais dont le sens lui échappait.

Que signifiaient par exemple, dans un compartiment
du métro, ces petits gestes à peine esquissés que semblaient
« s'adresser » les uns aux autres les voyageurs assis en vis-à-vis sur
les banquettes : si l'un touchait le rebord de son chapeau, aussitôt
un autre détournait les yeux ; une dame faisait-elle battre ses
paupières trois ou quatre fois de suite, voici qu'un vieillard
reniflait ou qu'une jeune femme soupirait ou bien qu'un militaire
rectifiait nerveusement sa tenue...

Devant l'étrangeté manifeste de ce comportement, le
Professeur n'en finissait pas de se poser à lui-même les questions
les plus angoissantes. N'y avait-il pas au fond de tout cela une
sorte de code secret, un « chiffre », un sous-entendu permanent,

pourquoi ne pas dire le mot ? – une véritable « conspiration » ?

Cette hypothèse le bouleversait tellement que, lorsqu'il se trouvait dans un lieu public, il n'osait presque plus faire un geste, de peur d'entrer malgré lui dans ce vaste et mystérieux complot auquel tous les hommes semblaient participer.

Mais ce soupçon de la signification cachée, cette peur d'être exclu, et en même temps, cette crainte de l'expression révélatrice involontaire, n'étaient encore que des tourments bien supportables auprès des inquiétudes plus profondes et véritablement cosmiques dont il allait être bientôt la proie.

Il s'aperçut un jour, en effet, que cette entente secrète ne régnait pas seulement entre les être humains, mais s'étendait à la nature entière.

Les signes, les avertissements, les mots de passe étaient partout : dans l'agitation des feuilles, dans la forme et les couleurs des nuages, dans une tache de soleil sur un mur, dans l'aboiement d'un chien, le claquement d'une porte, un pas qui s'éloigne, un cri d'enfant, une girouette qui grince, un train qui siffle, un caillou qui dégringole, un ruisseau qui bouillonne, une fleur qui tremble, la buée d'une haleine sur une vitre...

Cette découverte remplit l'âme du Professeur Frœppel d'une incommensurable fierté. Le jour où il en fut illuminé, il éprouva le besoin de se mettre à genoux, quoiqu'il eût, depuis longtemps, perdu la foi, et il est permis de se demander si c'est devant la majesté de l'univers qu'il entendait ainsi se prosterner, ou bien devant la grandeur de l'intelligence humaine.

Ce jour-là, il entreprit de composer son plus important ouvrage : le « Dictionnaire de la Signification universelle », celui-là même qui devait rendre son nom immortel.

MORT HÉROÏQUE DU PROFESSEUR FRŒPPEL

Le 10 avril – c'était jour de Pâques – le meilleur élève du Professeur, un jeune philologue fort délicat qui descendait en droite ligne des seigneurs de Coucy et que le Professeur, pour cette raison, appelait familièrement « Couci-couça », prit le train à la gare de Lyon afin de se rendre en Seine-et-Marne où son maître demeurait alors, retiré dans une antique maison, en bordure d'un bois de pins et de bouleaux.

Le jeune homme avait été appelé la veille par un télégramme ainsi conçu :

SUR LA VOIE PATOIS PETITS ARBRES. STOP. VENEZ.
Signé : FRŒPPEL.

Accoutumé aux trouvailles, toujours géniales, de son maître, le jeune homme, sans chercher à comprendre, était aussitôt accouru.

Lorsqu'il descendit du train, huit heures venaient de sonner et la fraîcheur du matin lui sembla comme avivée par la présence humide et compacte de la forêt.

Après avoir rapidement traversé le village encore endormi, il atteignait bientôt la grille du jardin, déjà ouverte. La porte de la maison était elle-même entrebâillée. Le jeune homme entra.

Il se dirigea droit vers le cabinet de travail du Maître, sans rencontrer âme qui vive.

Ce silence ne l'étonnait pas. À cette heure, Mme Frœppel dormait encore, ainsi que la cuisinière et le jardinier, personnes âgées et de naturel placide. Les deux plus jeunes fils étaient déjà partis en classe. Quant aux autres enfants – fils et filles aînés –, il y avait longtemps qu'ils étaient les uns et les autres « casés » et dispersés loin de leur illustre père.

Ce qui frappa le jeune Coucy lorsqu'il eut franchi le seuil du bureau, c'est qu'un froid vif régnait dans la pièce : la porte-fenêtre

donnant sur la forêt était grande ouverte et il semblait évident que les effluves glacés de cette nuit d'avril avaient eu le temps de s'insinuer sans hâte, pénétrant tout de leur puissant arôme.

Un détail, qui lui avait d'abord échappé, attira soudain le regard du disciple : au fond de la vaste pièce, sur le bureau encombré de dossiers épais, une lampe de travail était restée allumée : elle paraissait toute pâle dans le jour grandissant.

Le jeune homme ne put se défendre d'un sentiment d'angoisse. Le froid le suffoquait. Il remonta le revers de son veston puis, regardant la porte-fenêtre dont le vent agitait les rideaux, il hésita un moment. Que faire ? Le Maître était tellement fantasque ! Dieu sait quelle idée étrange avait pu s'emparer de lui au milieu de la nuit ! Espérant trouver un indice, Coucy s'approcha de la table de travail.

Cet amoncellement de papiers, de photos jaunies, ces chemises de carton renflées, serrées au milieu par une sangle et entassées les unes sur les autres, ces feuillets raturés, cette corbeille débordant de brouillons froissés, c'était là l'image d'un travail gigantesque, du dernier chef-d'œuvre du Maître : le fameux ouvrage où il avait entassé et classé les résultats de toutes ses expériences, le compte rendu de toutes ses conversations intimes avec la nature animée, bref le « Dictionnaire de la Signification universelle » !...

Coucy savait que le Professeur, nouveau Champollion, avait peu à peu découvert ou retrouvé cette langue perdue : la sémantique des cris d'animaux — principalement ceux du chien, du chat, du cheval, du puma —, et qu'il en avait établi le lexique et la syntaxe, déjà mis à l'étude au Cat Club de France, dans les chenils, dans les haras, au Zoo de Vincennes.

Pour couronner ses recherches, il ne restait plus au Professeur qu'à pénétrer le secret du langage des végétaux mais ce travail lui coûtait des fatigues mortelles, car, ainsi qu'on le sait, les mouvements des plantes s'effectuent sur un rythme infiniment plus lent que ceux des bêtes : veut-on s'adapter à tant de lenteur, il se faut astreindre à des pauses, à des stations interminables.

Précisément, au milieu de cette table, de ce monument peut-on dire, brillait un feuillet encore frais qui semblait concerner les plus récentes études du maître. On y voyait maintes notes biffées, maints dessins effacés et une sorte de plan schématique de l'Homme – un cercle pour la tête, deux trous pour les yeux, des barres pour le corps et les membres – mais, chose curieuse, les bras étaient terminés par des feuilles semblables à celles du bouleau. La feuille de gauche était dessinée à plat et portait cette légende : « Non ! », tandis que la feuille de droite, vue obliquement, disait : « Oui ! » La page, dans son ensemble, faisait penser à un traité de magie...

Couci-couça eut une illumination. Il courut à la porte-fenêtre, la franchit d'un bond et s'engagea dans l'allée principale du jardin, celle qui conduisait à la forêt. À trois cents mètres il s'arrêta, saisi à la fois par la crainte et par un immense respect : tout près de lui, dans un fourré, le Professeur, insensible au froid, au vent, à la rosée, gisait à plat ventre sur la terre humide et, d'une voix infiniment douce, aux inflexions mélodieuses, comme on parle à un enfant malade, balbutiant les premiers rudiments de la langue universelle, apprenait d'un jeune bouleau, pas plus haut qu'un rosier, le langage des arbres !

Le jeune disciple avait machinalement retiré son chapeau et considérait, les larmes aux yeux, cette scène qui devait rester éternellement gravée dans son souvenir, car elle marquait une date capitale, une étape dans le lent et douloureux retour de l'Homme au sein de l'Unité originelle.

Mais ce recueillement fut de courte durée. Le jeune homme avait compris toute la gravité du moment. Le Professeur avait dû

passer toute la nuit à converser avec le jeune bouleau, il devait
être transi de froid, mort de faim et de fatigue. Couci-couça
n'hésita pas : il courut vers le Professeur, l'étourdit d'un grand
coup de poing en pleine figure (on lui avait dit qu'il fallait agir
ainsi avec les gens qui se noient), chargea le corps du vieillard sur
ses épaules et le ramena à la maison. Détail curieux : au moment
de se séparer de son vieil ami, le petit arbre à l'écorce d'argent eut
un long frémissement dans son feuillage.

*

Une heure après, toute la maisonnée s'affairait autour
du Maître que l'on avait, en hâte, couché dans son lit avec des
briques chaudes aux pieds et un sac de glace sur
la tête. Malgré les soins et l'affection qui lui étaient
prodigués, le Professeur semblait absent :
il murmurait des mots qui pouvaient paraître
incohérents, mais qui n'étaient peut-être
que les termes obscurs
de quelque insondable problème.
Il criait par exemple :

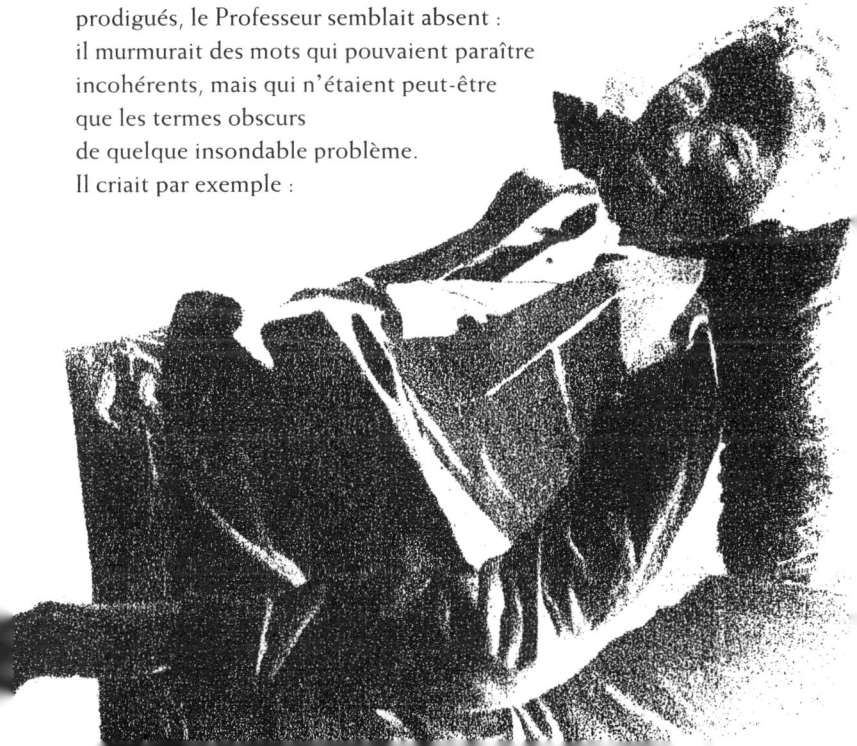

« Feuillage, à droite, droite ! Feuillage à gauche, gauche ! En avant, univers ! Pan pan pan pan pan pan ! »

Ou bien, d'une voix tendre, d'une voix de nourrice, il murmurait :

« Meni meni moni, miaou, moui, moui bouleau mami ! »

Le médecin, atterré, tenait la main gauche du Professeur ; sa femme, le visage ruisselant de larmes, serrait sa main droite. Ni l'un ni l'autre ne comprenait rien à la scène. Seul le jeune disciple savait !

Il savait que le Professeur était en train de fouler la Voix Triomphale, qu'il s'avançait vers toutes les choses en parlant leur propre langage, toutes les choses vivantes ou mortes, car il entrait enfin en communication avec un monde sans cloison et sans limites.

À dix heures, le Professeur Frœppel rendit l'âme en prononçant le mot :

« Ouf ! »

On lui fit à Paris des obsèques splendides, auxquelles furent conviés les représentants des académies et des principaux corps scientifiques du monde entier.

Après quoi, pour commémorer éternellement la découverte qui lui avait coûté la vie, on l'inhuma dans son jardin, auprès du petit bouleau, qui, aujourd'hui devenu un grand arbre, berce, du bruit léger de son feuillage, le sommeil du héros.

QUELQUES ŒUVRES DU PROFESSEUR
LA REDISTRIBUTION DES MOTS

Frœppel avait remarqué que, bien souvent, la valeur sonore des mots ne correspond pas exactement à leur sens. C'est que, pour lui, l'onomatopée était le langage parfait. « Bla-bla, tra-la-la, plouf ! », avait-il coutume de dire, voulant signifier par là que le langage cérémonieux des adultes avait fait naufrage.

Pour remédier à cette décadence et rajeunir le vocabulaire, il proposait de « redistribuer » les mots du lexique suivant la sonorité imitative de chacun d'eux.

Par exemple, le mot « coffre », en raison de sa masse, de son volume, de sa puissance, lui semblait convenir beaucoup mieux que le mot « train », au véhicule mécanique désigné par ce substantif. Le mot « flaque », inquiétant et aveugle, lui paraissait mieux appliqué que le mot « nuit » à l'ensemble des représentations suggérées habituellement par ce monosyllabe. Et ainsi de suite...

Voici donc un poème composé par le professeur et la traduction qu'il en a donnée, d'après son principe de « redistribution ».

(Note de M. Bigre, successeur du Professeur Frœppel à la chaire des « Infra-langages » du Collège de l'Ile-de-France.)

TRAIN DE NUIT

Le train fonçait dans la nuit.
Mon cœur et mes pensées
battaient sur le même rythme
que les roues aux éclairs cachés.

Les voyageurs se touchaient sans se voir,
replongés dans la joie des racines.
Les rêves s'échappaient avec lourdeur ;
ils coulaient le long des jambes,
ne laissant que des formes vides
poreuses et pétrifiées.

COFFRE DE FLAQUE

Le coffre plombait dans la flaque ;
Mon falbala et mes scabieuses
troquaient sur la même sandale
que les poufs aux zèbres bronchés.

Les colins se gourmaient sans se glaner,
retombant dans la glu des trompes.
Les mues dandinaient avec marge ;
ils plissaient le long des gommes,
ne ruinant que des sectes solognes,
déglutiés et frappées.

PETITS PROBLÈMES ET TRAVAUX PRATIQUES

L'ESPACE

I

Étant donné un mur, que se passe-t-il derrière ?

II

Quel est le plus *long* chemin d'un point à un autre ?

PROBLÈME D'ALGÈBRE À DEUX INCONNUES

Étant donné qu'il va se passer je ne sais quoi je ne sais quand, quelles dispositions prenez-vous ?

DEUX MOTS DE MÉCANIQUE RATIONNELLE

Une bille *remonte* un plan incliné. Faites une enquête.

PETITE COSMOGONIE PRATIQUE

Construisez un monde cohérent à partir de Rien, sachant que : Moi = Toi et que Tout est Possible.
Faites un dessin.

LA LOGIQUE

Lorsque vous « supposez le problème résolu », pourquoi continuez-vous *quand même* la démonstration ? Ne feriez-vous pas mieux d'aller vous coucher ?

LA GÉOGRAPHIE

Où la Seine se jetterait-elle si elle prenait sa source dans les Pyrénées ?

LA VIE DE TOUS LES JOURS

I

Si, dans la rue, un réverbère s'approche de vous et vous demande du feu, comment vous y prenez-vous pour ne pas paraître décontenancé ?

II

Vous êtes chez le coiffeur. Un vieillard à la longue barbe blanche, vêtu d'un tablier blanc, vous prie poliment de vous asseoir.

Or, ce n'est autre que l'empereur Charlemagne.

Lui donnez-vous tout de même un pourboire ?

III

Sachant que vous êtes immortel, comment organiserez-vous vos journées ?

PARLONS MÉTAPHYSIQUE

QUESTIONS

Est-ce que l'univers vous apparaît comme un « poids » ?
Que vous portez ? Que vous traînez ?

Ou, au contraire, avez-vous l'impression de « flotter » sur
le monde ?

Motivez vos réponses.

*

Comment vous représentez-vous l'Être ?
A-t-il des plumes dans les cheveux ?

*

Le Néant est-il plus sensible le dimanche que les autres jours ?
Souhaitez-vous y passer vos vacances ?

UNE PAGE D'HISTOIRE

L'ASSASSINAT DE LOUIS XIV

À peu près vers le temps où des hordes de Bourguignons envahirent la Bretagne et où l'Armagnac, venant à leur rencontre, se répandit dans le bas-Languedoc, eut lieu la célèbre nuit qui fut appelée depuis « la Journée des dupes » à cause de la clarté des bûchers et des incendies allumés çà et là dans Paris.

Tout espoir de réconciliation entre Isabelle la Catholique et le maréchal de Mac-Mahon semblait à jamais compromis. Quelques jours plus tôt, le duc de Nemours avait reçu clandestinement la visite d'un envoyé du pape, qui lui avait longuement parlé à l'oreille. Nul ne savait ce qu'il lui avait dit, mais le lendemain tout était à refaire et le peuple, descendu dans la rue, attendait les événements, avant de remonter.

À ce moment, pour mettre le comble au désarroi, le tocsin sonne. On saura plus tard que l'ordre en a été donné par le chef du parti « menchévik », mécontent du rôle joué par les Jeunes-Turcs dans la sinistre affaire des poisons.

Toute la ville est en émoi. Des compagnies de brigands redoutés pour leur cruauté et surnommés les « Presse-purée », les « Coupe-gorges » et les « Rince-bouteilles » profitent du désarroi général pour attaquer le Quadrille des Lanciers. Le Conseil des Dix, pris de court, en élit un onzième.

Sur ces entrefaites « Monsieur », frère du roi, est réveillé par les cloches. Il demande où est « Madame ». On lui répond qu'elle est sortie avec « Mademoiselle ». Il s'emporte, passe en hâte sa courtepointe sur son haut-le-corps, enfile ses passe-pieds, fait avancer son carrosse et s'attelle lui-même aux brancards, tant il est vrai qu'une émeute peut mettre à l'envers une tête aussi bien faite que ce fameux « Masque de fer ».

Cependant Louis XIV, ne se doutant de rien et se croyant toujours sur le trône, alors que la République avait été proclamée trente ans auparavant, se rendait à cheval de la Concorde aux Tuileries, et profitait de l'absence de Bonaparte pour surprendre Joséphine de Beauharnais, dont il briguait les faveurs.

Il met pied à terre. Il entre. On lui ouvre. Il frappe. Il se dirige à grands pas vers l'Orangerie, remet un pli au concierge qui ne le reconnaît pas et remonte, aussitôt après, dans sa traction-avant.

C'est alors (il était près de minuit), c'est alors qu'en passant, à Saint-Cloud, sous le tunnel du chemin de fer, il est arrêté par une lanterne qu'il prend pour celle du gardien de phare. Fatale erreur ! Un moine fanatique, du nom de Ravaillac, en profite pour décharger par trois fois, sur l'infortuné monarque, le contenu de son poignard.

Les chevaux s'emballent. Le cocher tombe, les parois du souterrain s'emplissent du fracas des roues et des cris du mourant. La foule accourue croit reconnaître Louis XVI et le piétine sauvagement.

Le lendemain, à l'aube, le calme régnait à nouveau sur le royaume des Valois. Le président Fallières était élu à l'unanimité moins une voix (la sienne) et offrait des funérailles nationales à la dépouille de l'illustre souverain qui avait tant fait pour la repopulation, l'assèchement des marais et le développement des études classiques du second degré.

HENRI ROUSSEAU LE DOUANIER
À L'OCTROI DU POINT-DU-JOUR

À Marcel Arland.

C'est le commencement, le monde est à repeindre,
l'herbe veut être verte, elle a besoin de nos regards ;
les maisons où l'on vit, les routes où l'on marche,
les jardins, les bateaux, les barrières
m'attendent pour entrer dans leur vrai paradis.
Je ne suis pas ici pour me moquer des choses ;
dans mes yeux qui les recueillent elles font de beaux rêves
et dans mes yeux puis dans mes mains elles deviennent sages,
égales et polies comme des images.
Je voudrais être du ciel l'absolu photographe
et pour l'éternité fixer la noce de Juillet,
la mariée comme une crème et la grand-mère qui se tasse
et le caniche noir et les invités à moustache
qui sont de la même famille.

J'empêcherais pour toujours de bouger
les voiles blanches qui vont sur l'Oise,
les branches aux feuilles nombreuses
des chênes, des peupliers et surtout des acacias
et les nuages montagneux et l'eau de la Seine
pour qu'elle devienne lisse comme un canal.

J'empêcherais aussi de s'en aller de la mémoire
les souvenirs de notre service militaire
dans les pays épais des Colonies
et côte à côte rassemblés comme par un songe
je placerais sur les étagères du monde,
avec leurs couleurs véritables et devenues sans danger,
la charrette du voisin et son cheval tout neuf

dans l'avenue de banlieue aux arbres ronds
et les flamants et les grands lotus et les petits palmiers,
le gros enfant apoplectique et son pantin
et le tigre méchant et ma femme défunte
et les singes suceurs de gros soleils orange.

Et moi-même en veston la palette à la main
aux portes de l'octroi sous les drapeaux du jour,
devant le pont où je vois tous les réverbères
et les maisons dont j'ai bien séparé les cheminées
afin que le vent tourne autour d'elles,
je resterais debout très grand dans le ciel départemental,
j'arrêterais pour vous les heures d'aujourd'hui.

L'AUTOPORTRAIT DE COROT

Je me regarde dans la glace et je vois un objet à peindre.

Un objet dans la lumière du matin.

L'air, autour de cet objet, se répand sans contrainte, agréable et sonore.

L'objet est debout, assuré dans ses trois dimensions : sa digne hauteur, sa largeur sans excès, sa paisible épaisseur.

Il a ses creux et ses bosses, comme un arbre, comme un vallonnement, son ombre heureuse ici, là le côté du soleil...

Ma vie que voici, vous êtes cet objet : le bon pain que je coupe, l'huile étale et légère, le lait de la journée et rien de vous ne me sépare : nous parlons sans arrière-pensée.

L'AUTOPORTRAIT DE VAN GOGH

Le tourbillon ! L'incandescence ! La folie du soleil ! Sur mon front de pierre, les flammèches, les pétales de l'incendie, la pluie, la pluie, la pluie du feu !

J'entrevois notre fin future : l'embrasement solaire. Mon dieu, mon astre, mon destin, ma fleur géante, ma roue, ma nourriture, j'attends que ta foudre m'abreuve, j'épouse d'avance ta terrible révélation.

La lumière en fusion jadis a divisé en coulées de couleurs pures le vitrail-univers soudé par le plomb de la mort. L'énorme transparence tient bon. Elle s'illumine du haut en bas pour qui vient de ce côté-ci avec la clé de vérité. (De l'autre côté, tout est englué de suie : c'est la grisaille, l'envers de ce monde !)

Ici, dans le secret de la Brûlure, dans mon secret d'homme à tête de bagnard des Tropiques, dans mon île flambante je sais que la Splendeur est la transmutation volontaire de notre dénuement, une révolte, un crime sacré, un éclatement, l'or, l'or, le feu, la victoire !
Cymbales ! Cigales !... MIDI.

JEAN BAZAINE

Dans cet instant où l'air et le soleil s'effilochent à travers les ombres et les branches, le jour est plein d'appels, de questions animées, de réponses furtives. Si tu vas, si tu viens, si tu t'échappes, si j'entends au loin ta voix par bouffées dans le vent secoué de frissons, peu à peu, à mesure que nous voici plus près du cœur de nous-mêmes, de la sonorité exaltante du vrai, les robes de l'été se déchirent, les reflets cueillis jadis mains jointes sur le visage, les ondées de couleurs, les ramures dansantes, les flammes à double sens, bleues le jour, écarlates le soir, les élans, les hésitations, les tourbillons, les éparpillements, les chocs, les saccades, les ralentissements, les apaisements se rassemblent en essaims autour des points aimantés d'éclairs qui les attirent et tout enfin s'organise selon des lignes et des plans où les formes terrestres ont perdu leurs limites.

Je détruis ton image par les feuilles, le feuillage par les vagues, l'eau par le pelage des pierres, le marbre par les veines du ciel. Je feins de m'éloigner des choses pour les mieux approcher, pour les saisir en transparence dans leur être, pour en faire à jamais mon bien, ma vie. À partir du moment présent j'accomplis les opérations fabuleuses de la mémoire. Je me penche, épris de risques, sur une surface perpétuellement agitée de lueurs où j'apprends à deviner ce qui vient d'être et que je viens d'apercevoir, comme d'autres y vont chercher le naissant avenir. Mais je m'arrête où l'oubli commence. Je renverse le sens de la marche : je me souviens de ce qui sera...

Ainsi monteront à la surface, du fond d'un temps insondable et sans date où veille l'inextinguible fraîcheur, les floraisons d'un hasard toujours neuf. Je reverrai, sur la calme étendue, passer, éclore puis s'évanouir et s'éteindre les voiliers, les bateaux pêcheurs, laissant leur trace dans l'esprit comme une buée sur la vitre ou le pollen secoué par un coup d'aile, – et les nuages du Nord, par leur nature divisés entre

l'eau du ciel et l'eau de la mer, passeront fraternels dans ma
vision, qui tremble elle aussi entre deux mondes.

Moi qui viens de vivre et qui vis, je vivrai, je vivrai, mortel
orgueil. Je ne serai que lucide présence, défiant cette éternité qui
n'est qu'un songe et qui ne nous ressemble pas.

Je glorifierai ce nouvel ordre sans visage qui lentement prend
forme dans notre indomptable faiblesse. On l'aperçoit quand
le tourbillon des reflets dans les fourrés et sur les eaux à chacun
de ses tours s'accomplit davantage, quand le rythme de tout,
par la vitesse et par la profusion, par le rire et par l'éclatement,
annonce la terrible approche
de son règne.

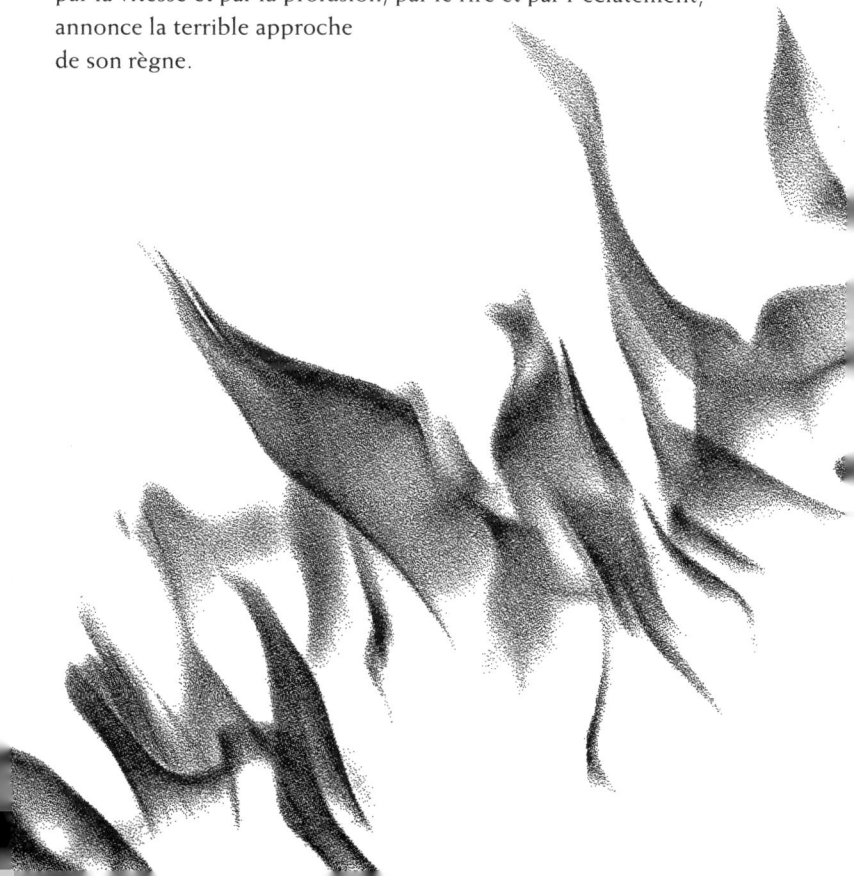

DE STAËL

Pour certains, le monde est creux et vaste, pour d'autres, cristallin et léger : pour celui-ci l'épaisseur est partout.

Que le ciel et la mer à midi se soudent l'un à l'autre ou que le mouvement forcené des joueurs de football soit pour toujours collé dans la couleur, tout est dense, tout est plein – l'espace et l'esprit, le gris pâle et le noir violacé, les beiges monotones et les éclats de la bigarrure, – tout va comme le pain vers des pâtes brûlantes et opaques.

Veut-on fuir hors de cet horizon violent où ne souffle aucune brise ? Voici les constructions volontaires d'une sorte de fureur veloutée. Vous êtes bientôt cerné d'éclaboussures par la spatule et le couteau et, là encore, pas une faille, pas un interstice, pas un répit : toutes sortes de blancs teintés se juxtaposent, des barres de rouge s'entrecroisent, un tintamarre muet vous coupe le souffle, intense quoique très doux, comme un lait de métal bleu en train de se refroidir.

C'est que les volumes ne sont rien pour l'œil lorsqu'il retourne à l'étonnement natal. Étonnement ? Fatigue de vivre ? Ô trop riche, ô perpétuelle et douloureuse surprise d'aborder ce grand spectacle incompréhensible ! Nous ne voyons ici que deux dimensions où des aspects colorés, sans profondeur, se touchent étroitement. Qu'importe donc s'ils signifient ou non l'objet réel entouré de son espace et qu'importe si cet objet est une étendue de toits, un navire, une bouteille ou encore quelque chose qui n'est que dans l'imagination : tout semble écrasé sur des murs comme la pulpe d'un fruit sur une table de cuisine.

Anxieux et dévorant les heures bondées de travail, nous passerons notre courte vie à trembler qu'une déchirure ne s'ouvre dans cette continuité de surfaces, qui nous protège et peut-être *nous aveugle*. Si nous craignons toute fenêtre, c'est sans doute parce qu'elle donne sur l'abîme...

Je me défendrai jusqu'au dernier moment.

Les portes de toile

DEBUSSY

Rires tristes de l'eau, robes effilées des nuages,
bucolique lenteur, longs départs dans le golfe
brumeux, brusques interruptions, appels, galops,
pressés, stoppés, – il y a toujours sous la plénitude
et l'unité apparente du monde une menace de
désaccord, les premiers pas hésitants d'une rupture…
Va ! nasillarde moquerie d'un demi-dieu qui se cache
en tout buisson, va ! étouffée dans la bouche ou
rejaillie des lèvres comme une gorgée d'eau par
dérision imitant les fontaines, l'adieu de l'instant à
l'instant, de l'amour au désir, de la feuille à sa
branche, ah ! n'est-ce donc qu'une plaisanterie et
ne peut-on s'évader de ce monde et tout enfin se
retrouve-t-il donc ici même, univers retombé,
douloureux, orphelin ?

Cependant les heures s'élancent comme une
suite de fusées à rebours de leur éclatement :
d'abord éparpillées par un fol accès de joie dans l'air,
elles se recomposent en touchant la face miroitante
et noire de la mer, – et rebondissant elles iront plus
haut encore et retomberont plus tristes et plus
puissantes, emportées par la houle qui sait son
chemin vers la mort.

Ô dialogue sans recours ! ô ciel indéchirable !
Nous t'avons lancé avec audace, avec colère,
une question choisie dans nos modes humains,
mais l'écho l'a renvoyée vers des bords où elle
s'infléchit et se mue en sonorités étrangères
et de fuite en fuite elle nous est devenue
méconnaissable ! Ce n'est plus qu'une voix de
roseau parodiant la parole, un bourdonnement
d'abeille… Elle s'éloigne encore…

Par des flammes répond l'inconnu, par des éclairs, par des plaintes au nord, à l'est par des cris de plaisir, là par de brefs orages, ailleurs par le frémissement de l'été, – et au-dessus des gouffres ouverts par le roulement des trombes, passe, frémit, bêle un gris murmure qui frôle un abîme invisible.

Entre le ciel et la mer, soulevée à demi et regardant au loin, une créature aux longs cheveux refuse les raisons, refuse les rires impies de celui qui dialoguait avec elle dans les buissons brûlants de l'après-midi et lui voulait assigner un monde sans départ. Elle module une voyelle sans fin qui vacille autour d'une ligne aiguë : elle comble l'ennui de son île par l'inépuisable ramage d'un chant né de lui-même et ses allusions à la voix multiple des choses ne l'aident qu'à s'en évader.

Elles étaient pourtant toutes là, les voix de ce monde sonore : les sources du vent, des fleuves, des feuilles, le ruissellement des saisons dans une gorge d'oiseau, les gémissements, les chansons des hommes, – mais à se fuir, à se chercher sans cesse, elles ont changé de langage. Elles ne parlent plus de nous ni de la terre ni du ciel ; elles ont dépassé les derniers ressacs du jour, elles sont dans la baie apaisante et définitive qui n'a de lieu dans aucun temps.

DE QUOI S'AGIT-IL ?
Comédie

PERSONNAGES

LE JUGE, *il est aussi médecin, maire, confesseur, etc.*

Les témoins

MONSIEUR POUTRE, *méticuleux et craintif.*

MADAME POUTRE, *épouse du précédent. Un peu paysanne.*

LE GREFFIER, *personnage muet, « tapant » sur un clavier de machine à écrire également muet.*

Une salle de greffe ou de commissariat quelconque. Tables et chaises ordinaires. On introduit les témoins qui restent debout un moment.

> *Le juge compulse ses dossiers longuement. Scène muette ad libitum : il peut s'embrouiller, perdre ses papiers, les témoins et le greffier se précipitent ; il leur arrache sauvagement les documents, etc.*

LE JUGE

Asseyez-vous !

> *Les témoins s'assoient. Le greffier se tient prêt à « taper ».*

LE JUGE

Voyons. Madame heu… Madame… ?

> TÉMOIN FEMME *se levant à moitié, puis se rassoyant.*

Poutre. Madame Poutre.

LE JUGE

C'est cela. Madame Poutre… Madame Poutre, c'est vous que je vais interroger la première.

MADAME POUTRE

Eh ben, tant mieux !

LE JUGE, *surpris.*

Pourquoi tant mieux ?

MADAME POUTRE

Pass'que mon mari, y sait jamais rien.

LE JUGE

On verra, on verra... Madame Poutre, voyons. *(Il lit les états civils.)*
Ah : Madame Poutre, Adélaïde,... née Soliveau, née le... *(murmure
indistinct)* le dix-neuf... de l'année dix-neuf cent... à... mariée à
Jean-Joseph Poutre son époux, dont elle est l'épouse...
*(Successivement et très rapidement, à l'énoncé de leurs noms, Monsieur et
Madame Poutre se sont levés, puis rassis mécaniquement.)* Bon ! Madame
Poutre, pouvez-vous vous rappeler aussi exactement que possible
quand vous avez fait sa connaissance, quand vous l'avez vu pour
la première fois ?

MADAME POUTRE

Qui, mon mari ?

LE JUGE

Mais non, voyons, celui qui, enfin vous me comprenez... celui
dont il s'agit, celui qui a motivé votre présence ici.

MONSIEUR POUTRE, *à sa femme.*

Oui, tu sais bien, nous sommes là pour ça, pour témoigner, pour
témoigner en sa faveur.

LE JUGE, *gravement.*

Ou contre lui ! C'est selon ! Nous verrons, nous verrons !

MONSIEUR POUTRE

Oui, c'est cela : pour témoigner contre lui, en sa faveur.

MADAME POUTRE, *après un coup d'œil courroucé à son mari.*

Ah, je sais, je sais ! Tu n'as pas besoin de me le dire. Je ne suis pas
plus bête qu'une autre, va ! Je sais ce que parler veut dire !

LE JUGE, *geste évasif.*

Alors ! Je répète ma question : quand l'avez-vous vu pour la
première fois ?

MADAME POUTRE, *réfléchissant.*

Quand je l'ai vu… pour la première fois ? Eh ! Ben, c'était il y a
dix ans environ.

Le greffier commence à taper silencieusement.

LE JUGE

Nous notons, nous notons. Bon. L'avez-vous revu
souvent depuis ?

MADAME POUTRE

Bien sûr ! Même qu'il a fini par s'installer tout à fait ! Notez
qu'on ne le voyait jamais pendant le jour. Le soir, plus
personne !

LE JUGE
Étiez-vous chargée de le nourrir ?

MADAME POUTRE, *l'air étonné.*

Qui ça ?

MONSIEUR POUTRE, *à sa femme.*
On te demande, Monsieur le Proviseur te demande s'il était
nourri, s'il était nourri par toi, par nous ? ... Enfin, ne fais pas la
butée !... Puisqu'on l'avait recueilli, tu sais bien qu'on était tenus
de le nourrir !

MADAME POUTRE, *au juge.*
Ah, Docteur, pardon, Colonel : c'était bien plutôt lui qui nous
nourrissait, qui nous réchauffait en tout cas !

LE JUGE, *sursautant.*
Qui vous réchauffait ?
Comment cela ?

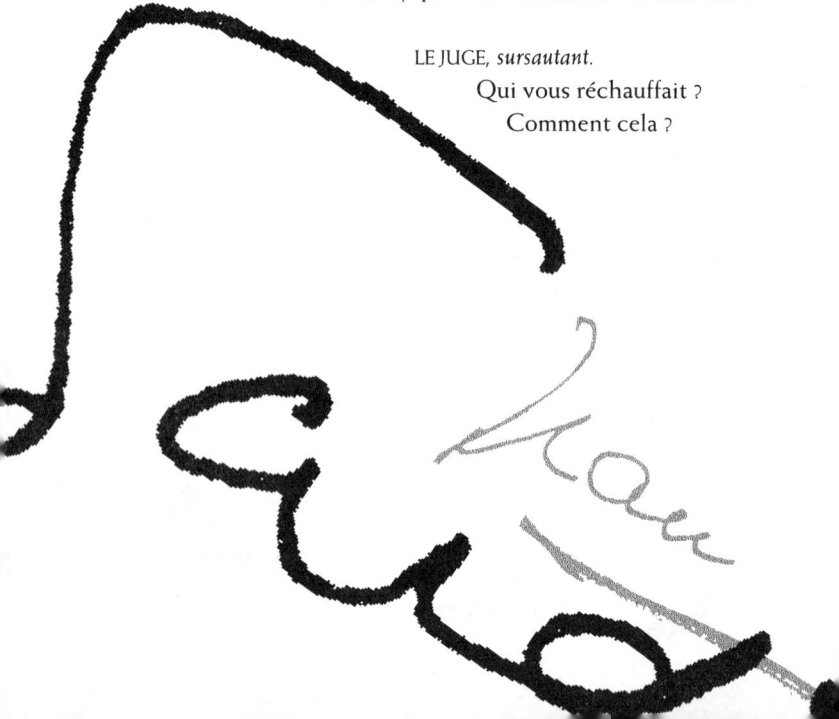

MADAME POUTRE

Ben, pardi ! C'est y pas toujours comme ça ? S'il était pas là, nous autres, on crèverait de froid, pas vrai ?

MONSIEUR POUTRE

Ça, c'est vrai. Moi, quand je le vois, je suis tout ragaillardi !

LE JUGE

Il y a dix ans. Bon. Nous notons. Dix ans : ce n'est pas d'hier ! Et pouviez-vous vous douter de quelque chose, dès ce moment ?

MADAME POUTRE, *péremptoire.*

Je ne m'doutais de ren du tout !

LE JUGE

Comment cela s'est-il passé ? La première fois ?

MADAME POUTRE

Eh ben, voilà. J'étais dans la cuisine, à ramasser des pommes de pin pour la soupe. On était en décembre. Alors il faisait une chaleur lourde, comme quand c'est qu'on chauffe beaucoup pour lutter contre le froid. Mon mari, ici présent, était absent, comme toujours, c'est pourquoi qu'il peut en témoigner devant nous. Et tout par un coup, voilà qu'il est entré !

LE JUGE

Par où ?

MADAME POUTRE

Par la fenêtre. Il est entré comme ça, brusquement. Il a fait le tour de la pièce. Il s'est posé tantôt sur une casserole de cuivre, tantôt sur une carafe et puis il est reparti comme il était venu !

LE JUGE

Sans rien dire ?

MADAME POUTRE

Sans rien dire.

LE JUGE, *sévèrement.*

Comment ? Comment ? Je ne comprends plus : vous venez ici
pour déposer une plainte...

MADAME POUTRE, *docile mais l'interrompant.*

Une plainte en sa faveur, oui Docteur !

LE JUGE, *avec vivacité.*

Ne m'interrompez pas ! Ne m'appelez pas : Docteur ni Monsieur
le Proviseur : appelez-moi « Mon Père » ! Donc vous déposez
contre lui et vous allez prétendre que sa vue vous ragaillardit,
vous réchauffe, ou je ne sais quoi d'aussi absurde !

MONSIEUR POUTRE

Ça n'est pas absurde, Docteur, pardon : mon Père ! Ça n'est pas
absurde, mon Père-Docteur ! On pourrait pas vivre sans lui.
Surtout à la campagne. Nous autres cultivateurs ! Nous autres
légumes, fruits, primeurs, laitages, comment qu'on ferait sans lui,
sans qu'y vienne tous les jours nous réchauffer le cœur ?

LE JUGE, *agacé, frappant de sa main sur la table.*

Enfin, de qui parlons-nous ?

MADAME POUTRE

Mais de... de... *(Elle désigne le ciel.)*

LE JUGE, *ironique, imitant son geste.*

Que voulez-vous dire ?

MADAME POUTRE

Ben quoi, le soleil, pardi !

LE JUGE

Ah la la ! Voilà le malentendu ! Nous ne parlions pas de la même personne, de la même chose. Moi, je vous parlais de votre agresseur, de votre voleur, de votre cambrioleur et vous, vous... vous parliez de quoi ? Du soleil ! *(Levant les bras au ciel.)* C'est invraisemblable ! C'est inimaginable, i-ni-ma-gi-nable ! Mais comment avez-vous pu vous y prendre pour faire fausse route de la sorte ?

MONSIEUR POUTRE

C'est pas nous qu'on a fait fausse route, Monsieur le Professeur-Docteur, c'est bien vous, vous-même ! Nous autres, on savait de quoi on parlait !

LE JUGE, *furieux.*

Et moi, vous croyez que je ne sais pas de quoi je parle, non ? Ah ! Faites attention ! Vous ne savez pas à qui vous avez à faire ! Je vais vous faire filer doux, moi, ma petite dame, et vous mon petit monsieur ! C'est insensé ! On se moque de moi ! (*Il s'apaise peu à peu, redresse sa cravate, s'époussette. Au greffier qui s'était arrêté de taper et qui regarde la scène d'un air hébété.*) Greffier, veuillez recommencer à noter... Et ne tapez pas si fort ! Vous nous cassez les oreilles ! (*À Monsieur Poutre :*) À nous deux, maintenant. À votre tour, vous allez déposer.

MONSIEUR POUTRE, *abruti.*

Déposer quoi ?

LE JUGE

Déposer veut dire témoigner. Vous allez témoigner.
Racontez-moi comment les choses se sont passées, le jour de l'événement !

MONSIEUR POUTRE

Eh bien, voilà : comme ma femme vient de vous le dire, je n'étais pas là, j'étais absent.

Le greffier recommence à taper avec précaution, du bout des doigts.

LE JUGE

Alors, comment pouvez-vous témoigner ? En voilà encore une nouveauté !

MADAME POUTRE

C'est que, Monsieur le Curé, moi je me rappelle plus rien du tout, mais comme je lui avais tout raconté et que lui, il a une mémoire d'éléphant, alors...

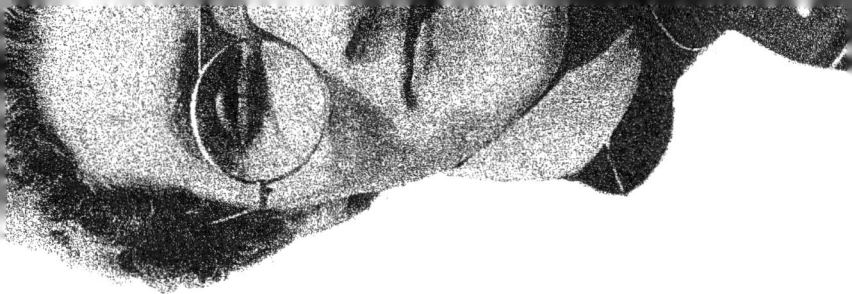

LE JUGE, *haussant les épaules.*

Drôle de témoignage ! Enfin, si nous ne pouvons pas faire autrement ! Allons, *(résigné :)* racontez !

MONSIEUR POUTRE

Alors voilà. J'étais allé à la pêche dans la rivière, dans la petite rivière, le petit bras de la petite rivière, autrement dit, celui où il y a des nénuphars, pas l'autre, où il y a du courant, alors je n'attrape jamais rien tandis que les écrevisses elles me connaissent, elles vont lentement, moi aussi, alors on finit toujours par se rencontrer, sauf votre respect, Monsieur le Commissaire, autour d'un morceau de mouton pourri, du bien frais que le Docteur, pardon le boucher, me prépare exprès pour mes balances le dimanche...

LE JUGE, *sec.*

Abrégez, je vous prie !

MONSIEUR POUTRE

Alors, juste pendant que j'étais pas là, il a profité de ce que j'étais pas là, ni ma femme non plus d'ailleurs...

LE JUGE, *l'interrompant*

Pardon ! Vous venez de m'affirmer l'un et l'autre que si vous n'étiez pas là, par contre votre femme y était !

MONSIEUR POUTRE

C'est-à-dire qu'elle était dans la maison, mais elle était pas là, à l'endroit même où ça s'est passé, vous comprenez !

LE JUGE
Mais finalement, *où* ça s'est-il passé ?

MONSIEUR POUTRE
Ça s'est passé au jardin.

LE JUGE
Bon. Alors, de la maison, elle pouvait, je suppose, voir ce qui se passait au jardin ?

MADAME POUTRE
Ça, point du tout, Monsieur mon Père ! Non, ça, je peux vous le dire : de d'là où j'étais dans la maison, c'est-à-dire de la cuisine, je pouvais rien voir au jardin !

LE JUGE
Et pourquoi donc ?

MADAME POUTRE
Pass'que la cuisine, c'est une pièce qui tourne le dos au jardin.

LE JUGE
Alors, comment avez-vous pu raconter quoi que ce soit au... à votre... au témoin, enfin ?

MADAME POUTRE
C'est que, voyez-vous, je lui ai raconté les effets.

LE JUGE
Quels effets ?

MADAME POUTRE
Ben, les effets de ce qui s'est passé.

LE JUGE

Alors, racontez !

MADAME POUTRE

Ah mais non ! C'est pas à moi à raconter !

LE JUGE

Pourquoi, je vous prie ?

MADAME POUTRE

C'est pas à moi à raconter, puisque je vous dis que j'ai rien vu.

LE JUGE

Alors, comment faire, puisque lui, de son côté, votre mari, n'était pas là ?

MADAME POUTRE

Ça fait rien. Lui y raconte mieux que moi, il a plus de mémoire, ou d'imagination, je ne sais pas, moi !

LE JUGE, *avec un agacement grandissant et une insistance sarcastique.*
Alors, Monsieur Poutre, veuillez me raconter à moi qui n'étais pas là, l'événement qui s'est produit en votre absence et qui vous a été rapporté par votre femme, bien qu'elle n'y ait pas assisté !...

MONSIEUR POUTRE

Je vous disais donc que j'étais à la pêche. Quand je suis rentré, j'ai entendu un grand cri, c'était ma femme...

LE JUGE

Elle avait été blessée ?

MONSIEUR POUTRE

Mais non ! Elle était furieuse parce qu'il avait tout saccagé dans la maison.

LE JUGE, *intéressé, pensant en sortir.*

Enfin, nous y voilà ! Il avait tout saccagé. *(Au greffier :)* Notez bien, greffier !

MONSIEUR POUTRE

Tout, Monsieur le Juge, Monsieur le Professeur ! Tout, tout, tout ! Les plates-bandes étaient piétinées, la toile des transats était déchirée, les oignons étaient coupés, les outils étaient par terre. Il avait dû être furieux !

LE JUGE

Une crise de nerfs ? Delirium tremens, peut-être ? Venait-il souvent chez vous ?

MONSIEUR POUTRE

Oui, souvent. Ma femme vous l'a dit.

LE JUGE

Pardon ! Il y avait eu confusion : je parlais de lui et elle me parlait du soleil, rappelez-vous !

MADAME POUTRE

Mais c'était vrai aussi de lui !

LE JUGE

Voyons ! Voyons ! Réfléchissez ! Il y a une nouvelle confusion. Vous m'avez dit tout à l'heure que c'était plutôt lui qui vous nourrissait. Maintenant vous me parlez de ses colères, de ses déprédations. Dans un cas vous parlez du soleil, dans un cas d'autre chose... *(Un silence.)*... Alors, parlez ! *(Nouveau silence.)*... Mais parlerez-vous, à la fin !

Monsieur et Madame Poutre se taisent et se consultent du regard, d'un air embarrassé.

MADAME POUTRE, *hésitante.*

Comment vous dire...

LE JUGE

N'hésitez pas ! Ne craignez rien ! Vous êtes ici pour dire toute la vérité, rien que la vérité, je le jure... D'ailleurs, dans tout ceci, vous n'êtes que des témoins.

MADAME POUTRE

Témoins, oui, d'accord, mais aussi victimes, Monsieur mon fils !

LE JUGE, *énervé, ses idées commencent à s'embrouiller.*

Appelez-moi : mon Père, ma Sœur !

MADAME POUTRE, *docile et respectueuse.*

Oui, mon Père – ma – Sœur !

LE JUGE, *haussant les épaules.*

Abrégeons ! De qui, de quoi s'agit-il ? De l'agresseur ou du soleil ?

MADAME POUTRE, *tout d'une traite et confusément.*

Ben ! Des deux, Monsieur le Docteur-Juge !
C'était tantôt le soleil, bien sûr, et tantôt
l'orage. Pass'que l'orage, voyez-vous,
quand il est là, il cache
le soleil.

Alors on le regrette, on est dans l'ombre et il saccage tout. Je veux dire l'orage, avec sa saleté de bruit de tonnerre pour le malheur des oreilles et les éclairs pour aveugler et sa pluie pour gonfler les torrents et inonder les pâtures ! Le soleil, lui, il réjouit le cœur et quand on le voit, on lui dit « Bonjour, bonjour, entrez, Monsieur ! » Alors il rentre par la fenêtre tant que dure le jour et quand l'orage ne le cache pas et quand il fait sec. Et quand il pleut, tout par un coup, voilà l'orage. Et c'est comme ça qu'on est : tantôt pour, tantôt contre. Et voilà pourquoi on dépose une plainte contre inconnu et en même temps en sa faveur (*un peu essoufflée*)... Voilà, j'ai tout dit.

Un nouveau silence pendant lequel le juge, enfoncé dans son fauteuil, regarde alternativement les deux témoins sans rien dire. Puis :

LE JUGE

S'il en est ainsi, Monsieur et Madame Poutre, je ne peux rien pour vous. Rien, absolument rien... (*Se tournant vers le greffier :*) Greffier, concluez au « non-lieu ». Selon la formule, vous savez... (*Il dicte rapidement.*)... Tout bien considéré en mon âme et conscience, mutatis mutandis, nous ici présent, en pleine possession de nos moyens d'existence, en présence des parties plaignantes et en l'absence des inculpés, décidons que rien de ce qui est advenu ne comporte de conséquence, sauf imprévu en tout bien tout honneur et aux dépens des prévenus, au tarif prescrit par la loi, et cætera, et cætera... (*Il se lève, sacerdotal. Les témoins et le greffier se lèvent aussi.*) Silence ! Respect à la loi ! La séance est levée. (*Aux témoins :*) Allez en paix et que nul autre que l'orage ou le soleil ne trouble votre conscience.

Il les congédie d'un geste plein d'onction qui rappelle vaguement la bénédiction ecclésiastique. Les témoins sortent lentement et respectueusement. Le rideau tombe.

UNE VOIX SANS PERSONNE

LA VOIX

Au lever du rideau, la scène est plongée dans l'obscurité.

De l'autre côté d'une cloison
d'une cloison pour moi transparente
ou par le temps abattue
de l'autre côté de cette cloison
de ce mur ou de cette fenêtre
                    Là, deux lampes
éclairée dans la nuit
et qui de moi se rapproche lentement
à travers ce mur disparu
                    s'éclairent
à travers cette cloison par le temps abattue
à travers les vitres de cette grande fenêtre
mes yeux regardent – et je vois
                    par degrés.
je vois une pièce où il se pourrait
qu'autrefois quelqu'un ait demeuré
quelqu'un qui pourrait être moi.
une pièce où j'aurais vécu il y a très longtemps
     Les deux lampes sont maintenant éclairées. Il fait nuit dans le corridor.
une pièce où *je sais*
que j'ai vécu il y a très longtemps
et que pourtant je ne reconnais pas.
                    (Un silence.)

C'est un salon où des meubles
sont disposés toujours dans le même ordre
et de telle façon qu'ils semblent prendre un sens
à force d'être toujours là
sans que personne apparaisse :

Ils sont assemblés en face de moi
comme un conseil de famille
devant lequel je suis amené de force
pour comparaître
pour être interrogé, pour être accusé, pour être jugé
et cependant je ne comprends pas,
non, malgré tout l'effort de ma mémoire
pour retrouver cette langue oubliée,
je ne parviens pas à comprendre
ce qu'ils ont à me dire.

(Un silence.)

D'abord la soirée bien avant dans la nuit se prolonge
comme une veillée patiente au chevet d'un malade
d'abord cette veille morose et menaçante
jusqu'au bord de l'aube se prolonge
et moi l'invisible témoin
et cette pièce et ces meubles éclairés de l'intérieur
nous restons ainsi longtemps dans notre commun silence
parce que nous avons à creuser ensemble cette menace,
parce qu'il nous faut retrouver le secret de notre double interrogation,
parce que nous nous demandons où nous sommes, qui nous sommes –
– Et cependant nous n'avons rien à nous dire.

(Un silence.)

Les deux lampes s'éteignent, l'une après l'autre.

Immobiles et liés ensemble
emportés par ce long silence
nous traversons les nuages du temps
les lueurs qui passent dans le ciel nocturne
jusqu'à ce que, l'une
après l'autre,
s'éteignent les lampes du salon.

(Un long silence.)

Encore un peu de temps
un repos léger, à peine un soupir de sommeil
La lumière du jour commence à passer doucement par la porte vitrée,
obliquement, venant de droite.
la première lueur le premier souffle
et au-dehors voici le matin,
quelle joyeuse lumière passe à travers la porte vitrée !

Joyeuse
vraiment !
Les meubles s'ébrouent sans bouger
regardez-les accueillir sur leurs bords la lumière du jour
comme s'ils attendaient quelqu'un qui s'approche
comme s'ils allaient tout à l'heure reconnaître
    quelqu'un
et sauter de joie au-devant de quelqu'un
    qui vient.

            (Un silence.)

Sans qu'on voie aucune silhouette à travers la porte vitrée, on entend des pas légers et précipités, – des pas de femme – et une voix gaie et musicale – une voix de jeune femme – qui appelle :

LA VOIX DE FEMME, *avec une jolie modulation sur « ... hé ».*
Hohé-ho !... Hohé-ho !... Hohé-ho !... *(plus loin).*
Hohé-ho !... *(presque indistinct.)* Hohé-ho !...

LA VOIX, *enchaînant.*
Comme il me plaît d'entendre cette voix et les pas qui l'accompagnent,
même si le visage est absent !
Comme elle me plaît, cette voix !
Je l'aime plus que je ne saurais le dire.
Il me semble que c'est pour moi pour moi seul
qu'elle chante son chant le plus délicieux
trois syllabes sans aucun sens
sur trois notes joyeuses, ... mais non !
Vraiment il serait fou de croire
que c'est moi qu'elle appelle !
Non non ! Toutes les voix tous les pas de femmes
vont au-devant de quelqu'un :
Crescendo.
pourquoi donc moi plutôt qu'un autre ?
Rien n'a été promis rien n'a été dit jamais
je l'ai reconnue mais je ne la connaissais pas.
Ce n'est même pas une rencontre
peut-être sommes-nous condamnés

elle à toujours disparaître
et moi toujours à l'attendre ?
Pourtant, tout me concerne ici,
le silence de cette pièce inconnue
est fait pour mon propre silence
comme cette voix pour ma voix.

Decrescendo.

Allons, patience, patience !
Avant ce soir elle reviendra
elle reviendra je le sais – déjà
elle s'apprête à revenir
pendant que tourne le soleil autour de la maison
et que s'endorment les fauteuils
fatigués de ne porter le poids de personne.

(Un court silence.)

*La porte vitrée se met à trembler deux ou trois fois de plus en plus
fort. Et on entend un vent violent. En même temps la lumière
devient de plus en plus forte : c'est le milieu du jour.*

Ça, c'est le vent qui s'élève
comme s'il montait du fond de notre mémoire
il rôdait tantôt dans la vallée profonde
se heurtant à tous les arbres à tous les murs
puis il est entré dans la maison par le corridor

Le bruit du vent diminue.

il a fait le tour de toutes les chambres
et maintenant qu'il s'en va

il laisse un gage sur le seuil de toutes les portes
un fragment d'écorce une plume de ramier un scarabée mort.

Le vent s'arrête.

Tel est donc le présent dérisoire
le léger léger testament
que laisse un souffle considérable !
À travers toutes les choses
passe une absence inutile,
peut-être même cette absence est-elle dans les choses
comme leur secrète ivresse
et nous l'entourons de tout notre amour.

(Un silence.)

La lumière tourne : elle semble venue de la gauche, à présent.

Maintenant que le jour a lourdement mûri dans la campagne
maintenant que la lumière a tourné
les meubles s'éveillent et me regardent
Ils me regardent sans colère mais sans âme
ils me regardent sans rancune mais sans tendresse

Avec une véhémence croissante, presque avec une sourde colère.

Ah ! fauteuils, tables, lampes, rideaux
comment vous faire comprendre qui j'étais ?
Comment vous faire comprendre qui je suis ?
Un étranger qui ne vous connaît pas
qui ne veut pas vous connaître,
bien qu'il vous ait tout de suite reconnus !
Ah Vie ! Vie ! Dispersion ! Fausses rencontres !
Les pas, les voix, ici et ailleurs !

De plus en plus fort, douloureux comme un délire d'enfant.

Des regards plein le souvenir,
le vent dans le jardin, le sable
dans les murs. On parle. Pourquoi ? je viens sans rien savoir.

Qui m'appelle ? *Je ne comprends rien à tant de silence.*
Presque crié.

Brusquement résonne du côté de la porte vitrée une grêle sonnette archaïque.
Trois fois ! quatre, cinq, cinq, six fois !

Puis la porte vitrée s'ouvre sans donner passage à personne.
Un nouveau silence. Le ton de la voix redevient tranquille, naturel.

Puisque tu es là,
entre ! oui entre !
C'est cela
assieds-toi,
là sur ce fauteuil qui avait pris ton empreinte au cours des années !
(Un silence.)

Qu'as-tu à me dire ?
(Un silence.)

Allons, parle !
(Un silence. Avec un peu d'énervement, presque avec rudesse.)

Parle, mais parle, voyons !
(Un silence.)

Ainsi tu es venu, mais pour garder le silence !
C'était donc là tout ton message ?
C'est donc pour cela que tu es entré ?
Je ne sais pas ce que tu voulais me dire
Je ne le sais pas et je ne le saurai jamais
puisque je ne sais pas qui tu es,
pas plus que je ne connais cette pièce
ni cette porte ni ces meubles !
Pourquoi viens-tu me tourmenter
ici où je n'ai que faire moi-même ?

La lumière du soir lance de longs rayons à travers la vitre et décroît peu à peu.
Qu'est-ce que c'est que ce rendez-vous
auquel nul n'a convié l'autre
où nous ne savons pas ce que nous avons à nous dire ?
Laisse-moi donc en paix
dans cette confusion
qui n'appartient pas plus à toi qu'à moi-même !
Laisse-moi reconnaître qui bon me semble
dans ce monde qui n'est à personne
et va-t'en : je ne puis aimer ce qui n'a pas de visage.

*La nuit est tout à fait venue. Sans que l'on entende un seul pas, on devine
que quelqu'un s'en va, car la porte vitrée sans bruit se referme. Un silence
dans l'obscurité complète, puis on voit bouger la lueur d'une lampe qui semble
portée par quelqu'un allant et venant paisiblement dans la pièce à côté.
En même temps on entend très doucement et gaîment chantonner la même voix
de jeune femme que tout à l'heure.*

Avec une sorte de joie fervente et contenue :
Il m'est délicieux d'avoir des souvenirs obscurs
et comme antérieurs à ma vie !
Ceux-là, il me semble les avoir choisis de toute éternité
dans un apaisement sans fin.
Oui c'était bien ici ! Tout se passe
comme si j'avais vécu dans cette maison
Il y avait ceci et cela il y avait la vie
et il y avait mon enfance
qui a duré jusqu'à ma mort
il y avait cette lampe qu'une main très douce
portait dans la pièce à côté
il y avait le temps disparu
et cette fenêtre éclairée qui me fait signe dans la nuit.

LA VOIX DE JEUNE FEMME. *(Elle est fraîche et musicale comme au début, mais maintenant c'est une voix du soir, plus douce et plus tendre, avec la même inflexion chantante sur la deuxième syllabe.)*

Me *voilà* !... Me *voilà* !...

À voix basse.

Est-ce que tu dors ?

LA VOIX

Non je ne dors pas, je veille avec joie
je veille et j'attends
dans cette maison qui n'est à personne.
J'attends ce que je n'attends pas
je reconnais ce que je n'ai jamais vu
je parle une langue que j'ignore
mais mon cœur bat quand j'entends ta voix
car ma folie est égale au hasard
qui nous assemble et nous désassemble
dans le profond désordre de tout.

La lampe s'éloigne, laissant la scène dans une complète obscurité.

Au fond tout au fond
il y a
l'absence
il y a
la paix !

Rideau

Hiver 1949-1950.

LA VIE ET L'ŒUVRE DE JEAN TARDIEU

Né en 1903 à Saint-Germain-de-Joux (Jura), d'un père peintre (Victor Tardieu, 1870-1937) et d'une mère musicienne.

Études à Paris : lycée Condorcet, puis Sorbonne. Suit, dès 1923 les « Entretiens d'été » de Pontigny où ses premiers écrits poétiques sont remarqués par Paul Desjardins, André Gide, Roger Martin du Gard. Premiers poèmes publiés par Jean Paulhan, en 1927, dans *La Nouvelle Revue Française*.

Rédacteur aux Musées Nationaux, puis chez Hachette jusqu'en 1939. Mobilisé en 1939-1940. Participe aux publications clandestines de la Résistance et entre, dès la Libération, à la Radiodiffusion française où il exercera les fonctions de Chef du Service dramatique, puis de Directeur du « Club d'essai », du « Centre d'Études », du « Programme France-Musique », enfin de Conseiller de Direction.

Son œuvre comprend, tout d'abord, neuf recueils poétiques et deux plaquettes de vers qui s'échelonnent de 1933 (*Le Fleuve caché*) et 1939 (*Accents*) à 1979 (*Comme ceci, comme cela*), ainsi que deux volumes d'humour poétique et fantastique (*Le Professeur Frœppel* et *La Première Personne du singulier*).

Ses premières recherches d'un style dramatique nouveau datent de 1946 et, dès 1949, ses pièces – qui seront groupées plus tard dans les volumes *Théâtre de chambre, Une soirée en Provence* et *Poèmes à jouer* – sont représentées très fréquemment, en France et à l'étranger.

Enfin, à part un recueil de réflexions et études (*Pages d'écriture*, 1967) il publie, depuis *Figures* (1944), une série de textes en prose et en vers consacrés surtout à la peinture (préfaces, commentaires d'éditions illustrées consacrées à des artistes contemporains, etc.) et rassemblés plus tard en un volume : *Les Portes de toile* (1969).

Signalons aussi un livre pour enfants : *Il était une fois, deux fois, trois fois* (Coll. Enfantimages, 1978).

Jean Tardieu est mort en 1995.

TABLE DES MATIÈRES

ICONOGRAPHIE

Folio junior en poésie

Pourquoi les sorciers de paroles du département Jeunesse ont-ils inventé la grande petite collection Folio junior en poésie ? Parce qu'ils ont pensé que chaque fois qu'on part faire le tour de la terre, on devrait emporter avec soi une brindille de magie, un atome de merveille, une bulle de poésie – un de ces légers petits livres qui sont des comprimés de joie joyeuse, des condensés du plaisir d'être, en un mot : des Folio junior en poésie.

Claude Roy

Dans la même collection :
L'amour et l'amitié en poésie
n° 860

présenté par Georges Jean

(…)
*C'est miracle que d'être ensemble
Que la lumière sur ta joue
Qu'autour de toi le vent se joue
Toujours si je te vois je tremble
Comme à son premier rendez-vous
Un jeune homme qui me ressemble*

*M'habituer m'habituer
Si je ne le puis qu'on m'en blâme
Peut-on s'habituer aux flammes
Elles vous ont avant tué
Ah crevez moi les yeux de l'âme
S'ils s'habituaient aux nuées*
(…)

Louis Aragon

La liberté en poésie

n° 862

présenté par Georges Jean

(…)
Sur la santé revenue
Sur le risque disparu
Sur l'espoir sans souvenir
J'écris ton nom

Et par le pouvoir d'un mot
Je recommence ma vie
Je suis né pour te connaître
Pour te nommer

Liberté.

Paul Éluard

La mer en poésie

n° 859

présenté par Pierre Marchand et Vincent Besnier

L'océan sonore
Palpite sous l'œil
De la lune en deuil
Et palpite encore.
Tandis qu'un éclair
brutal et sinistre
Fend le ciel de bistre
D'un long zigzag clair,

Et que chaque lame

En bonds convulsifs
Le long des récifs
Va, vient, luit et clame,
Et qu'au firmament
Où l'ouragan erre,
Rugit le tonnerre
Formidablement.

Paul Verlaine

L'arbre en poésie
n° 861
présenté par Georges Jean

Un arbre nu
Sauf une feuille
Qui tient toujours

Un homme nu
Sauf un visage
Qui ment toujours

Abattre l'arbre
Pour qu'elle tombe

Et tuer l'homme
Pour qu'il soit vrai ?

Pierre Emmanuel

Loi n°49-956 du 16 juillet 1949
sur les publications destinées à la jeunesse
ISBN 2-07-054534-2
Numéro d'édition : 134033
Premier dépôt légal : janvier 2001
Dépôt légal : novembre 2004
Imprimé en France sur les presses de l'imprimerie Hérissey
Numéro d'impression : 98039